신성종 목사

핵심스마트설교 ⑭

이상적인 여인상

신성종 목사 지음

도서출판 한글

‖ 머리말 ‖

당신은 왜 사는가?

신성종 목사(크리스천 문학나무 편집인)

우리가 살다 보면 왜 사는지 종종 잊을 때가 있다. 그래서 가끔은 자신에게 나는 왜 사는가 하고 물어볼 필요가 있는 것이다. 사실 산다는 것은 생각처럼 간단하지 않다. 많은 일들이 연결되기 때문에 마침내는 삶의 목적과 목표를 혼동할 수가 있다. 그래서 많은 사람들이 불행해지고 인생에 실패를 한다. 나는 아침에 일어나면 오늘은 무엇을 해야 할 것인가 하고 그날의 계획을 세워 본다. 가장 좋은 방법은 묵상기도를 통해 자신의 모습을 살펴보면서 나를 향한 하나님의 뜻을 찾으면서 목표를 세우는 것이다.

여기서 중요한 것은 인생의 목적과 목표는 다르다는 점을 분별하는 일이다. 목적은 내 인생의 궁극적 이유를 말하는 것이고, 목표란 그 목적을 이루기 위한 구체적인 수단과 방법을 말하는 것이다. 목적은 추상적인 것이 일반적이지만 목표는 구체적인 것이 특징이다. 그러나 많은 사람들은 이 목적과 목표를 혼동한다. 그래서 돈 버는 일에 일생을 다 허비하고 사업을 한다고 허비를 한다. 그러다가 늙고 죽을 때가 되어서야 내가 살아온 목적이 잘못된 것을 발견하고 후회를 하지만 그때는 이미 늦는다. 필자는 대학에 들어간 후에는 등록금을 벌기 위해서 가정교사를 하기도 하고 미국에 가서는 방학 때 농장에 가서 노동을 하기도 했다. 정원에 가서 풀을 깎기도 하고, 식당에 가서 접시 닦는 일을 하기도 했다. 그러나 등록금를 번 후에는 다시 공부하는데 전념했다. 박사 학위를 받은 후에는 가르치고 책을 쓰기 위해서 공부를 지금도 계속하고 있지만 다행히도 목적과 목표를 혼동하지는 않았다. 그러나 방황이 전혀 없었다고 하면 그것은 거짓이다. 그래서 노년이 되어 자신을 살펴보면 남들처럼 벌어놓은 재물은 없지만 한 번도 굶은 적은 없었다. 빈손으로 왔다가 빈손으로 가는 인생이니 후회는 없다. 그러다 보니 그동안 4만여 권의 책을 읽었고 백사십 권이 넘는 책을 썼다.

나의 인생의 목적은 나의 설교와 강의와 글을 통해 하나님의 영광을 드러내려고 최선을 다한 것이다. 내가 살아온 것이 성공인지 실패인지는 후세가 평가하겠지만 확실한 것은 곁눈질하지 않고 열심히 외길로 살아왔다고 생각한다.

나는 목표를 시간적 순서에 따라 정한다. 어떻게 보면 좀 따분한 삶이기는 하지만 그러나 후회는 없다. 지금까지 살아온 대로 다시 살라고 하면 그렇게 열심히 살 것 같지는 않다. 하나님께 영광이란 목적을 위해 때로는 목회를 했고, 때로는 학교에서 강의를 했고, 선교를 하기도 하였다. 나의 잡념을 정리하기 위해 시를 쓰다가 시인으로 등단하기도 했다.

사랑하는 형제자매들이여, 당신들의 삶의 목적은 무엇이며 그것을 이루기 위해서 어떤 목표를 세우고 있는가? 과연 당신의 목표가 목적과 상충되지는 않는가? 우리들의 삶의 목적은 하나님이 기뻐하시는 것인가? 목표는 당신의 목적과 직접 연결이 되고 있는가? 혹시나 방황하고 있지는 않는가? 인간이 산다는 것은 간단하지 않기 때문에 방황할 때도 없지 않지만 그러나 그것이 하나님께서 기뻐하시는 것인가를 자신에게 자주 물어보아야 한다.

그때 필요한 것이 묵상기도이다. 많은 사람들은 예배 때만 묵상기도하는 것으로 알고 있지만 아침마다 일어나서 매일 매순간 점검해 보지 않으면 허송세월을 할 수 있음을 잊지 말자.

이번에 심혁창 장로님의 도움으로 그동안 내가 설교했던 내용들을 모아 수십 권의 책들을 출판하게 된 것을 주님께 감사한다. 별로 잘 쓴 글들은 아니지만 많은 후배 목사들에게 자신의 설교와 비교해 보고 또 요약해서 자신이 살을 붙이면 좋은 자신의 설교가 되리라 믿고 감히 나의 치부들을 내놓는다. 일반 성도들은 가족들과 함께 큰소리로 읽어보면 큰 은혜가 될 것이다.

작은 종 신성종 드림.

목 차

에스라의 종교개혁운동

(스8:21-23; 9:5-9)

　지금 우리나라의 기독교 신앙은 부패될 대로 부패되었고 사회를 개혁시킬 능력을 완전히 상실하고 있습니다. 그런 점에서 새로운 종교개혁운동이 필요한 때가 되었다고 믿습니다. 그런 점에서 에스라의 종교개혁운동은 우리들에게 많은 것을 가르쳐줍니다.

1. 에스라는 누구인가?

　구약에는 에스라란 이름을 가진 사람이 세 사람 나옵니다.

　첫째는 역대기상 4:17절에 나오는 유다의 후손이 있고,

　둘째는 스룹바벨과 함께 귀환한 제사장 중 에스라란 사람이 있습니다.

　셋째는 오늘 함께 살펴보려고 하는 아론의 후손으로 제사장이면서 서
　　　기관이 있었습니다.

　그는 바벨론의 포로로 있을 때에 율법의 훈련을 받은 사람이었습니다. 그는 느헤미야와 동시대의 사람으로 주전 457년에 귀환해서 부패한 이스라엘의 종교를 개혁한 위대한 인물입니다. 에스라는 성전을 건축하는 일에도 큰 공헌을 했습니다만 가장 중요한 것은 종교를 개혁했다는 점입니다. 스룹바벨 때 유대인들이 바벨론에서 제1차 귀환을 했고, 81년 만에 다시 에스라와 함께 제2차 귀환을 했습니다.

2. 에스라는 왜 종교개혁운동을 했는가?

당시 이스라엘 사회는 지극히 혼탁했습니다. 영적으로 깊이 잠들었습니다. 이것을 깨워야 할 필요가 생긴 것입니다. 지금 우리의 문제점은 정치적 혼란이나 사회적 혼란을 해결할 방법이 없다는 점입니다. 그러나 더 중요한 것은 이런 혼란은 근본 문제를 해결해야 한다는 점입니다. 우리말에 이런 말이 있습니다.

뭐니 뭐니 해도 가장 시급한 문제는 머니(money)문제입니다. 이 경제적 문제는 정치를 바로 해야 해결되고, 정치문제는 철학에 있는 지도자들이 나와야 합니다. 그런데 참 철학은 교육을 통해서만 이루어집니다. 그러면 교육을 어떻게 바로 할 수 있나요? 그것은 도덕과 윤리가 바로 되어야 합니다. 그런데 이 도덕과 윤리는 종교를 통해서만 해결됩니다. 따라서 한국이 바로 사는 비결은 교회가 먼저 살아야 합니다. 그런데 지금 한국의 기독교는 사회에 꿈을 주지 못하고 있고, 빛과 소금이 되지 못하고 있는 것을 부인할 수 없습니다. 교인들은 나 혼자만 잘 살고, 나 혼자만 축복 받으면 된다고 생각하고 있습니다.

지금 많은 교회들이 성직 매매를 공공연하게 하고 있습니다. 교회의 직분을 봉사직으로 생각지 않고, 무슨 권력으로 생각하고 있습니다. 목회자의 메시지는 기복신앙 중심으로고 있고, 교인들은 하나님의 상급보다는 목회자의 칭찬을 더 기대하고 있습니다. 왜 그렇습니까? 천국을 믿지 않기 때문입니다. 천국에서의 상급을 믿지 않기 때문입니다. 지금 교회는 썩을 대로 썩고 있습니다. 참 한심합니다. 저는 한번 역사에 남는 멋진 교회를 만들기를 원했지만 결국 성공하지 못하고 떠납니다. 그러나 중요한 것은 저 혼자만의 책임은 아니고, 교회의 중요한 직분을 가진 모든 분들의 책임임을 잊지 마시기를 바랍니다.

3. 종교개혁운동은 어떻게 진행했는가?

(1) 금식기도 운동에서 시작

"때에 내가 아하와 강가에서 금식을 선포하고 하나님 앞에서 스스로 겸비하여"(스8:21). 그래서 23절에 보면 "그러므로 우리 하나님께 간구하였더니 응낙하심을 입었느니라"고 했습니다. 그들의 기도는 눈물의 기도였습니다. 스 10:1절에 보면 울며 죄를 자복했다고 했습니다.

(2) 회개 운동을 시작함(9:7-8).

무엇을 회개했습니까?

첫째는 먼저 하나님의 계명을 배반한 것을 회개했습니다(9:10).

둘째는 이방여인들과 결혼하여(10:2-3) 가정의 신앙의 족보를 흐리게 했고, 자녀들을 위한 종교교육을 잘못했습니다. 그래서 이들을 쫓아 보내었습니다. 놀라운 것은 10:18절을 보면 제사장 중에도 이방여인들과 결혼한 사람들이 있었다는 것입니다. 여기서 우리는 회개란 행동이 뒤따라야 한다는 것을 배울 수 있습니다.

셋째는 말씀 운동을 시작하였습니다(느8:3, 6; 9:3). 그러면 이 말씀을 들을 때 어떤 일이 일어났습니까? 세 가지가 일어났습니다.

① 애통하는 마음(느8:9절).

② 기뻐함(10절).

③ 순종(12절). 놀라운 것은 느 13:10절에 보면 "레위 사람들의 받을 것을 주지 아니하였으므로" 망하는 교회도 보면 목회자의 사례금을 적게 주고, 필요한 것을 안 주는 그런 사례가 역사적으로 공통적임을 볼 수 있습니다.

그래서 에스라가 꾸짖을 때에 12절에 보면 "이에 온 유다가 곡식과 새 포도주와 기름의 십일조를 가져다가 곳간에 들이므로"라고 했습니다.
바로 이런 회개의 운동이 우리들에게도 일어나기를 축원합니다.

4. 에스라의 종교개혁운동의 결과

(1) 하나님의 축복과 부흥운동이 일어났습니다.

(2) 참 기쁨을 회복하게 되었습니다.

(3) 하나님과의 바른 관계가 회복되었습니다.

(4) 안식일을 철저하게 지키게 되었습니다(느13:15, 19절).

맺는말

지금 우리 교회는 중직자들이 공예배를 중시하지 않고, 주일만 겨우
참석합니다. 새벽기도와 금요기도회는 있는지조차 잊고 있습니다. 언제
부터인가 정치만 하면 된다고 생각하고 있습니다. 하나님의 심판을 무
서워해야 합니다. 방법은 단 하나밖에 없습니다. 그것은 회개입니다. 회
개하면 하나님께서는 자비로우셔서 우리들을 용서해주시고, 축복해주실
줄로 믿으시기 바랍니다.

여러 사람에게 여러 모양이 된 바울

(고전9:13-23)

이 구절은 바울이 물결치는 대로, 바람 부는 대로 산다는 말로 잘못 생각할 수 있습니다. 그러나 그런 뜻이 아니라 바울의 선교정책으로 그는 '눈높이대로' 복음을 전했다는 뜻입니다.

1. 부득불 해야 할 일

오늘의 본문을 보면 우리에게 부득불 해야 할 일이 있다는 것입니다.

(1) 권세를 부리지 않는 것

부득불 해야 할 일의 하나는 복음에 장애가 없게 하려고 권을 다 쓰지 않는 것이라고 했습니다. 12절에서 말씀한 이 권이란 권리를 의미하는 말입니다. 스스로 교회의 유익을 위해서 자유의 한계를 정하는 것입니다. 그래서 바울은 권리를 사용하지 않는다고 했습니다. 마치 예수님께서 빌 2:6-8절의 말씀처럼 kenosis(비어)한 것을 말합니다.

(2) 복음 전하는 것이 부득불 할 일

16절, "복음을 전하지 않으면 내게 화가 있을 것임이니라" 말씀처럼 복음 전하는 것이 부득불 할 일이라고 했습니다. 왜 전도하는 것이 부득불 할 일인가? 사실 시간적으로도 그렇고, 또 상대방에게 기분 좋게 하려니까 여자들은 설거지를 해주고 아기를 보아주기도 하고 선물을 사 가지고 가기도 합니다. 그런데 전도를 하면 자신에게 확신이 생깁니다.

친구가 생깁니다. 성경에 대한 지식이 늘어납니다.

바울이 9-23절에 한 말씀의 뜻이 무엇일까요?

① 이 구절은 바울의 토착화 신학을 의미합니다. 한국 사람들에게는 한국말로, 한국 사람들과 함께 살 때는 한국 집에서 한국 옷을 입고 사는 것을 토착화라고 말합니다.

② 복음을 전할 때는 그 복음을 받아들일 사람이 쉽게 받아들일 수 있도록 그의 문화적 표현을 사용한다는 뜻입니다. 율법하에 있는 사람에게는 율법적 표현을 사용하고, 헬라 사람들에게는 철학적 표현을 사용하였던 것입니다.

③ 이것은 눈높이 선교를 말합니다. 그래서 쉽고 재미있게 하는 것입니다. 지금 어떻게 보면 예수 믿는 것을 너무 어렵게 만들고 있습니다. 예수 믿는 것이 좀 더 재미있었으면 좋겠습니다. 예수 믿는 것이 좀 더 생활과 연결이 되었으면 좋겠습니다. 마치 뷔페음식처럼 받아들이는 사람의 입맛에 맞도록 다양화시켜야 합니다. 예를 들면 젊은 사람들에게는 교회가 영아부교육과 유아부교육에 좀 더 관심을 가지면 젊은 사람들이 많이 모여듭니다. 체육관을 만들어 젊은이들이 교회에 올 수 있도록 해야 합니다. 그것이 바로 바울이 말한 선교방법입니다.

저는 그래서 저의 목회방법을 뷔페식 방법이라고 말합니다. 한식을 좋아하는 사람도 있고, 일식을 좋아하는 사람도 있고, 중국식 음식을 좋아하는 사람도 있기 때문에 여러 가지 프로그램을 개발하여 모든 사람들이 다 만족할 수 있는 교회가 되기를 축원합니다.

여자는 교회에서 잠잠하라

(고전14:34-38)

아마 성경에서 이 구절만큼 오해를 많이 받고 있는 구절도 없을 것입니다. 여자들이 목사 혹은 장로가 되는 것을 반대하는 이유로 이 구절을 인용하는데 그것은 잘못입니다.

먼저 '교회에서'라는 말은 '교회의 모임에서'라는 뜻입니다. 당시 가장 문제가 된 것은 방언 문제였는데 지금도 방언하는 사람들의 대다수가 여자들입니다. 당시 여자들은 별로 교육을 받지 못했기 때문에 교양이 남자들보다 떨어졌습니다. 그래서 방언의 은사를 받으면 예배 시에 너무 떠들어서 질서가 깨어졌습니다. 좀 더 자세히 말하면 당시의 예배는 지금처럼 순서대로 진행되지 않고, 예언할 사람들, 방언할 사람들이 예배에 끼어드는 경우가 많았습니다.

제가 어렸을 때에도 기도를 누구든지 성령이 인도하는 대로 하라고 하는 경우가 많았습니다. 초대교회는 더욱 그랬습니다. 지금도 퀘이커 교도들의 모임에는 목사의 제도가 없기 때문에 누구든지 성령이 인도하는 대로 말을 하게 합니다.

한번은 장난기가 많은 웨스트민스터 신학생들이 거기에 참석해서 퀘이커 교리를 비판하는 발언을 한 적이 있습니다. 이런 제도는 좋은 점도 있지만 나쁜 점도 있습니다. 초대교회가 그랬습니다.

그래서 바울은 그것을 예로 들어서 "교회에서 잠잠 하라"고 한 것입니다. 이 구절과 관계가 되는 구절이 딤전 2:12입니다. "여자의 가르치는 것과 남자를 주관(지배)하는 것(lord, 주가 되는 것)을 허락지 아니하노니 '오직 종용할지니라.'"

많은 성경학자들은 12절은 11절과 함께 이해해야 한다고 말합니다. 당시 여자들은 교회에서 당회원이 되어 교회를 치리하지 못하게 하였고, 또 목회자가 되어 가르치는 일을 못하도록 했습니다. 그러나 그것이 영원한 법규냐? 아니면 잠정적인 법규냐? 하는 것이 중요합니다. 비슷한 것이 행 15:20절에 "다만 우상의 더러운 것과 음행과 목매어 죽인 것과 피를 멀리하라"는 말씀입니다.

이것은 당시 유대인들과 이방인들의 교제에 절대적으로 필요한 것이었기 때문에 금한 것입니다. 그러나 그것은 잠정적인 법이기 때문에 신약시대인 오늘 꼭 그렇게 해야 할 이유가 없어졌습니다. 마치 안식일 제도가 잠정적인 제도였듯이 이런 법규도 잠정적인 제도였다는 것을 이해할 필요가 있습니다.

왜 바울은 그런 악법을 말씀했는가?

① 당시 여자들의 방언으로 인해 교회의 예배가 제대로 진행되지 못하는 경우가 있었기 때문입니다. 그래서 질서를 위해 금해야 할 필요가 있었습니다.

② 당시 여자들은 전혀 교육을 받지 못했기 때문에 여자들이 교회의 치리하는 일에 동참하는 것은 위험한 일이었습니다. 그래서 유대인들의 기도에 보면 "내가 여자가 되지 않은 것을 감사합니다."라는 기도가 있었습니다. 그러나 우리는 당시에도 예외적인 경우가 있는 것을 볼 수 있습니다. 예를 들면 눅 8:1-3절에 보면 여자들을 제자들과 함께 주님께서 초청한 것을 볼 수 있습니다. 또 눅

10:38-42절에 보면 예수님께서 마르다의 집에 가셨을 때에 너도 마리아처럼 배우는 일을 하라고 했습니다. 가장 중요한 것은 초대 교회에서 여자들을 성에 의한 차별을 하지 않았다는 점입니다(행 12:1-17; 고전11:2-16). 갈 3:28절에서는 "남자나 여자나 다 그리스도 예수 안에서 하나니라"고 했습니다. 그러므로 위의 구절은 잠정적인 법규요 또 제한을 하라는 뜻일 뿐입니다.

문제는 서로 다른 이 두 구절을 어떻게 조화시킬 수 있느냐입니다.

(1) 남녀가 동일

갈라디아서의 말씀은 남녀가 동일하다는 것은 일반적 원리입니다.

(2) 여자의 역할

둘째로 바울은 여자들이 교회 안에서나 밖에서 질서를 지킬 것을 명하고 있습니다. 여기서 우리가 기억해야 할 것은 남성위주의 문화를 가진 구약시대에도 위대한 지도자 가운데는 여자들이 있었다는 점을 간과하지 말아야 합니다. 사사기에 보면 여자인 드보라가 사사였고` 에스더도 여자였습니다(스4:16). 심지어 하나님의 예언의 말씀을 여자들을 통하여 주었습니다(삿4:4; 눅2:36; 행21:9). 또 브리스길라를 통해서 바울에게 하나님의 뜻을 전달하였습니다(행18:26). 히브리서 11장의 신앙의 영웅 중에는 사라(11절), 모세의 어머니(23절), 라합(31절)이 포함되어 있습니다.

그러므로 우리는 당시의 특별한 경우를 일반화하여 말하는 것은 위험합니다. 더구나 지금은 여자들이 교인들의 삼분의 이가 넘습니다. 게다가 여자들의 교육이 남자와 같은 오늘의 상황 속에서 당시의 잠정적인 법을 가지고 논하는 것은 문제가 많습니다. 그러므로 오늘의 교회는 여자들을 좀 더 활용하여 복음화의 속도를 증진시켜야 한다고 믿습니다.

여호와께서 미워하는 것

(잠6:16-19)

우리도 좋아하는 것과 싫어하는 것, 사랑하는 것과 미워하는 것이 있듯이 하나님께서도 사랑하는 것과 미워하는 것이 있습니다. 중요한 것은 생사화복을 주관하시는 하나님의 마음에 합한 우리들이 되어야 사랑을 받고, 복을 받는다는 사실입니다. 여기서는 하나님께서 미워하는 7가지를 살펴보려고 합니다.

1. 여호와께서 미워하는 것

(1) 교만한 눈

교만한 눈입니다. 인간에게 눈은 마음의 창문이기 때문에 눈을 보면 그 사람을 알 수 있습니다. 그 사람의 생각을 알 수 있습니다. 그러므로 눈이 선량해야 하고 겸손해야 합니다.

(2) 거짓된 혀

거짓된 혀입니다. 혀는 인간에게 있어서 음식을 먹을 때 잘 씹히도록 해주는 역할도 하지만 가장 중요한 것은 말입니다. 이솝의 우화에서도 나옵니다만 혀는 세상에서 가장 선한 것도 될 수 있고, 가장 악한 것도 될 수 있는 것입니다. 그런데 하나님께서는 거짓된 혀를 미워하신다고 했습니다.

(3) 피 흘리는 손

피 흘리는 손입니다. 손은 봉사를 하는 도구입니다. 인간은 손으로 봉사도 하지만 손으로 죄도 짓습니다. 그 중에서도 피 흘리는 손을 가장 미워하십니다.

(4) 악한 계교를 꾀하는 마음

다음은 악한 계교를 꾀하는 마음이라고 했습니다. 모든 것이 다 마음에서 나옵니다. 선도 마음에서 나오고, 악도 마음에서 나옵니다. 마음에는 의식의 세계도 있지만 무의식의 세계도 있기 때문에 더러운 것이 없도록 항상 청소해야 합니다.

(5) 악으로 달려가는 발

악으로 달려가는 발을 미워합니다. 발은 우리의 몸을 옮겨주는 일을 합니다. 어디를 가든지 발이 없이는 움직일 수가 없습니다. 그런데 이 발이 악으로 달려가면 우리는 악을 행하게 됩니다.

(6) 거짓 증언

거짓을 증거 하는 증언을 미워하십니다. 왜 사람들이 거짓을 증언할까요? 이해관계 때문에 거짓 증언합니다. 두려움 때문에 거짓 증언합니다. 하나님은 거짓 증언을 미워하십니다. 그래서 십계명에서도 거짓 증거하지 말라고 하였습니다.

(7) 형제간의 이간질

하나님은 형제 사이에 이간질 하는 것을 미워합니다. 이간질이란 부정적 이야기를 의미합니다. 사실에 거짓을 붙여서 본래의 말을 왜곡하는 것입니다.

2. 우리가 바르게 사는 길

(1) 여호와께서 미워하는 것을 피해야

부정적으로는 여호와께서 미워하는 것을 피하는 것입니다. 그렇지 않고 부정적으로 살면 어디서든 걸리게 되어 있습니다. 마치 장애물 경기와 같은 것입니다.

(2) 여호와께서 기뻐하시는 일을 해야

긍정적으로는 여호와께서 기뻐하시는 일을 하는 것입니다. 겸손, 진실, 도와줌, 주님을 모심, 선을 향해 주님과 함께 걸어감, 바른말, 화목한 생활을 하는 것입니다.

여호와를 경외하라

(잠19:21-29)

1. 여호와를 경외해야 하는 이유

세 가지 중요한 이유가 있습니다.

(1) 여호와 경외는 지혜의 근본

여호와를 경외하는 것이 지혜의 근본이기 때문입니다.

잠 1:7절에 "여호와를 경외하는 것이 지식의 근본이어늘." 여기서 본 이란 말은 beginning 시작이란 뜻입니다. 모든 것은 시작이 중요합니다.

(2) 여호와 경외는 생명을 얻음

23절에 보면 "여호와를 경외하는 것이 사람으로 생명에 이르게 하는 것이라"고 했습니다. 즉 여호와를 경외하면 생명을 얻는다는 것입니다. 물론 우리의 육체의 생명도 하나님이 주셨지만 더욱이 영적 생명인 영생은 가장 중요한 것입니다.

(3) 여호와를 경외하는 자는 풍족해 짐

23하반 절에 "경외하는 자는 족하게 지내고"라고 했습니다. 만족한 삶을 산다는 것입니다.

영어성경에는 한 문장이 더 있습니다. untouched by trouble, 즉 고통에 접촉되지 않는다는 말입니다.

2. 하나님을 경외하는 법

(1) 예배를 통해서

첫째는 예배를 통해서 하나님을 경외할 수 있습니다. 구약에 보면 6 대 제사가 나옵니다. 첫째는 번제를 통해서 헌신이 있어야 하고, 소제를 통해서 감사가 있어야 하고, 속죄제를 통해서 하나님과 화목이 이루어져야 하고, 속건제를 통해서 사람들과 화목이 이루어져야 하고, 화목제를 통해서 하나님과 이웃과 화목이 이루어져야 합니다.

(2) 믿고, 사랑하고, 소망함으로 경외

둘째로 하나님을 믿고, 사랑하고, 소망함으로 그를 경외할 수 있습니다. 믿음이 바로 하나님을 경외하는 것입니다. 믿음이란 주님을 꼭 붙잡는 것이고, 성경을 있는 그대로 받아들이는 것이고, 모든 것을 다 주님께 내어맡기는 것이 바로 경외입니다. 또한 한걸음 더 나아가서 하나님을 사랑하고 그만을 소망하는 것이 하나님을 경외하는 것입니다.

(3) 찬송과 기도로 하나님 경외

찬송과 기도로 하나님을 경외할 수가 있습니다. 하나님은 찬송을 통해서 영광을 받으시고 찬송 중에 임재하십니다. 또 하나님을 경외하는 방법은 하나님께 기도하는 것입니다.

바라기는 하나님을 경외함으로 놀라운 축복을 받을 수 있기를 축원합니다.

여호와를 경외하면

(잠9:10-12)

1. 경외하는 자에게 주시는 축복

먼저 여호와를 경외하는 자에게 주시는 축복부터 살펴보겠습니다.

(1) 지혜의 시작이 이루어짐

지혜의 시작이 이루어집니다. 지혜는 좁게는 옳고 그른 것을 판단하는 판단력을 말합니다. 그러나 성경의 지혜가 훨씬 넓은 것입니다. 솔로몬이 일천번제를 드린 후에 하나님께서 너의 소원이 무엇이냐고 물을 때에 지혜를 요구했습니다. 하나님은 솔로몬의 기도를 기뻐하셔서 그가 요구하지 않은 부귀와 장수까지 주셨습니다. 이처럼 지혜는 중요합니다.

(2) 명철이 생김

명철(슬기)이 생깁니다. 성경에서는 명철을 understanding이라고 번역했습니다. 이해한다는 말은 '밑에 서 본다'는 뜻인데 우리가 남을 이해하려면 그의 입장에 서 봐야 알 수 있습니다. 우리의 많은 불행은 남을 이해하지 못하는 데서 옵니다. 상대방을 이해한다는 것은 이처럼 중요합니다. 인생에서 가장 중요한 것은 인간관계인데 문제는 이해를 못하면 오해가 생기고, 오해에서 다툼과 미움이 생깁니다. 사랑은 이해를 하는 데서 옵니다. 그러므로 삶에서 명철은 서로를 연결하는 끈과 같습니다.

(3) 장수함

생명의 해가 더 한다고 했습니다. 장수한다는 뜻입니다. 저는 식물인 간으로 오랫동안 사는 사람들을 본 적이 있습니다. 그것은 결코 축복이 아니었습니다. 그렇다면 성경이 말하는 장수는 단순히 오래오래 사는 것이 아니라 하나님과 함께하는 장수입니다. 그런 삶이 넘치기를 축원 합니다.

(4) 영적인 유익을 줌

영적인 유익을 준다고 했습니다. 우리에게는 물질적 유익도 중요하지 만 영적인 유익은 더욱 중요합니다. 세상의 유익을 보면 외적인 유익이 기 때문에 우리의 행복에는 도움이 안 됩니다. 영적인 유익이 되면 삶 전체에 유익이 됩니다. 그런 유익이 넘치기를 축원합니다.

2. 여호와를 경외하는 자의 두 유형

(1) 두려워서 믿고 복종

두려워서 믿고, 복종하는 유형이 있습니다. 복종은 억지로 하는 순종 입니다.

(2) 사랑해서 믿고 순종

사랑하기에 믿고, 순종하는 유형이 있습니다. 복종과 순종은 서로 다 릅니다. 복종은 두려워서 억지로 하는 순종이고, 순종은 사랑하기 때문 에 마음으로부터 따르는 것입니다.

우리는 어떤 유형의 신자가 되기를 원합니까? 적극적인 신자가 되기 를 바랍니다. 성공하는 사람들은 다 긍정적이고, 적극적이기 때문입니 다.

영생은?

(요17:1-5)

요 5:24절에 보면 "나를 보내신 자를 믿는 자는 영생을 얻었고, 심판에 이르지 아니하나니 사망에서 생명으로 옮겼느니라"라고 했습니다. 예수님을 믿는 사람은 이미 현재적으로 영생을 소유하고 있는 것입니다. 그러나 지금 여기서 누리는 영생과 천국에서 누리는 영생은 체험적으로는 다릅니다. 천국에서 누리는 영생은 충만한 것이고 완전히 누리는 것이며 끝없는 기쁨과 평안입니다. 이것이 차이점입니다.

1. 영생이란 무엇인가?

요한복음 3장에 보면 니고데모와 예수님께서 대화하는 가운데 거듭나야 하늘나라를 볼 수 있고, 하늘나라에 들어간다고 했습니다.

이 말은 구원받는다는 말이고, 영생을 누린다는 말입니다.

성경은 영생은 유일하신 참 하나님과 그의 보내신 자 예수 그리스도를 아는 것이라고 했습니다.

여기서 안다는 말은 지식적으로만이 아니라 체험적으로 안다는 말을 의미합니다.

그리고 하나님을 알기 위해서는 그리스도를 통해서 알 수 있습니다. 하나님께서는 그리스도를 통해서 영생을 얻게 하셨습니다.

2. 영생 얻을 자의 받을 축복은?

(1) 영원히 멸망하지 않음

영원히 멸망하지 않을 뿐 아니라 영생을 얻은 자를 예수님의 손에서 아무도 빼앗지 못하게 해주십니다(요10:28).

(2) 부활함

마지막 날에 다시 살아납니다(요6:40).

(3) 후사가 됨

하나님의 후사가 됩니다(딛3:7).

이 말은 하나님의 상속자가 된다는 말입니다.

(4) 하나님과 동행

하나님과 함께 동행 하는 축복이 따릅니다.

사 41:10절에 "두려워 말라 내가 너와 함께 함이니라. 놀라지 말라. 나는 네 하나님이 됨이니라. 내가 너를 굳세게 하리라. 참으로 너를 도와주리라. 참으로 나의 의로운 오른 손으로 너를 붙들리라"고 했습니다.

(5) 승리의 축복과 풍성함

승리하는 축복과 함께 풍성한 삶을 살게 됩니다.

3. 영생을 얻는 비결은?

(1) 조건 없이 믿어야

행 16:31절에 "주 예수를 믿어라 그리하면 너와 네 집이 구원을 얻으리라"고 했습니다. 믿지 않고는 아무도 영생을 소유할 수 없습니다. 믿는 것 외에는 다른 조건이 없습니다.

(2) 성경을 상고해야

요 5:39절에 "너희가 성경을 상고하거니와 이 성경이 곧 내게 대하여 증거하는 것이로다"라고 했습니다. 우리는 성경을 통하여 주님을 만나기 때문입니다.

(3) 생명수와 생명의 떡을 먹어야

하나님이 주시는 영원한 생명수를 마시고, 생명의 떡을 먹어야 합니다(요4:14; 6:50-58).

"내가 주는 물을 먹는 자는 영원히 목마르지 아니하리니 나의 주는 물은 그 속에서 영생하도록 솟아나는 샘물이 되리라." "인자의 살을 먹지 않고 인자의 피를 마시지 아니하면 그 속에 생명이 없다"고 했습니다. 바로 예수님이 영원한 생명수이고, 생명의 떡이십니다.

(4) 하나님의 은혜로만 영생을 얻음

엡 2:5절에 너희가 은혜로 구원을 얻은 것이라. 8절에 "너희가 그 은혜를 인하여 믿음으로 말미암아 구원을 얻었나니 이것이 너희에게서 난 것이 아니요 하나님의 선물이라"고 하였습니다.

영원한 기초

(잠 10:25-32)

　세상의 모든 것은 다 기초가 있습니다. 그 기초가 바로 되어 있어야 성공합니다. 그래서 주님은 집을 지을 때에는 모래 위에 짓지 말고, 반석 위에 지으라고 했습니다. 지금 우리의 기초는 어떻습니까? 나의 삶의 기초는 어떠하며 사업의 기초는 무엇이며 교회의 기초는 어떠하며 가정이 어떠합니까?

　(1) 영원한 기초

　25절에 "의인은 영원한 기초 같으니라"고 했습니다. 즉 '하나님과의 관계가 바로 되어야' 그 기초가 영원하다는 것입니다.

　(2) 부지런한 삶의 기초

　26절에는 게으른 자는 마치 이에 초 같고, 눈에 연기 같다고 했습니다. 이것은 역설적인 말씀으로서 우리의 삶의 기초는 '부지런함' 즉 성실에 두어야 한다는 말씀입니다.

　(3) 여호와를 경외하면 장수함

　27절에 "여호와를 경외하면 장수하느니라" 즉 유일신 신앙에 우리의 삶을 기초해야 한다는 것입니다.

　신앙의 자세란 항상 하나님 중심, 하나님의 영광을 위하여 사는 삶을 말합니다.

(4) 기초는 여호와의 도에 두어야

29절에 "여호와의 도가 정직한 자에게는 산성(힘이란 뜻)이요" 즉 영원한 기초는 여호와의 도에 두어야 힘이 된다는 말씀입니다. 도라는 말은 길(the way)이란 뜻입니다. 사실 인생은 길 가는 나그네와 같기 때문에 하나님이 만들어 놓으신 길로 걸어가야 합니다.

(5) 의인의 입술은 기쁘게 할 것

32절에 "의인의 입술은 기쁘게 할 것을 알거늘", 대화법을 바로 배울 때 성공하고, 그것이 인생에서 영원한 기초가 됩니다. 대화법에서 중요한 것은

첫째는 긍정적으로 모든 사물을 보아야 한다는 것입니다.

둘째는 상대방을 이해하려는 자세를 가져야 합니다.

셋째는 가만히 지켜보다가 상대방이 잘못을 범할 때에는 힐책하기보다 격려를 해주어야 합니다.

맺는말

오늘 우리는 나의 기초가 무엇인가를 살펴보고, 모든 기초를 반석 되시는 주님 위에 세워야 하고, 지혜서인 잠언의 말씀처럼 영원한 기초 위에 세워서 모두가 성공할 수 있기를 축원합니다.

영원한 언약을 세우리라

(겔16:60-63)

본문은 이스라엘의 회복을 약속한 새 언약, 즉 영원한 언약입니다. 이스라엘은 하나님을 믿지 않고 대신 애굽, 앗수르, 갈대아 등과 같은 강대국을 의지하였는데 이것은 영적인 음행입니다.

1. 하나님께서 이스라엘이 어렸을 때 세운 언약의 성격

어렸을 때 배운 것은 잊히지 않고 계속되지만 어른이 되어서는 자꾸 잊어버립니다. 그래서 어려서부터 하나님이 원하시는 대로 말씀으로 키워야 합니다.

본문에서 어려서라는 말은 이스라엘이 아직 큰 나라가 되기 전이라는 말이며 아브라함부터 사사시대까지를 말합니다.

하나님이 선민 이스라엘과 세운 언약은 아브라함과 다윗의 언약입니다. 언약의 핵심은 복의 근원이 되게 하시며, 메시야를 보내시겠다는 언약입니다. 그 내용은 "그러므로 이제 만일 너희가 참으로 내 음성을 청종하고 내 언약을 지키면, 너희는 내게 특별한 보물(소유)이 될 것이고…. 너희는 내게 제사장의 나라와 거룩한 민족이 되리라"(출19:5)고 했습니다. 그래서 이스라엘은 쉐마 교육을 시킵니다. 쉐마는 '들으라'는 히브리어입니다. 쉐마 교육이란 신명기 6:4-8절까지의 유일신 신앙교육을 말합니다.

어떻게 교육해야 할까요?

집에 앉았을 때에 가르치라(가정교육의 핵심),

길에 행할 때에도 가르치라(하나님을 인생 여정의 목적으로 삼고 섬기도록),

누웠을 때에도 가르치라(하루의 생활을 반성할 때에도 묵상하라는 것),

일어날 때에도 가르치라(하루의 출발을 하나님과 함께 하라),

왼쪽 손목에 매어 기호를 삼으라(하나님을 행동의 지침으로 삼으라),

미간에 붙여 표를 삼으라(하나님 중심 사고를 하라),

집 문설주와 바깥문에 기록하라(사회 활동을 하나님 중심으로 하라)는 것입니다.

2. 자녀교육의 핵심이 되어야 할 영원한 언약

이사야는 이사야 55:3절에 '영원한 언약'이라는 말을 사용하였고, 예레미야는 예레미야 31:31절에 '새 언약'이라는 말을 사용했습니다. 신약에 와서는 주님께서 누가복음 22:20절에 십자가로 말미암아 이룩한 새 언약을 말씀하였습니다. 이 언약의 조건이 있는데 그것은 '믿으면 된다'는 것입니다. 그러면 하나님께서 은혜로 우리를 구원하시고, 백성을 삼으시고, 제사장으로 그의 소유물로 써주신다는 것입니다.

3. 영원한 언약을 주신 이유

(1) 용서하여 주신 후에 그의 백성을 삼으시기 위해서

가장 중요한 것은 우리의 죄를 용서함 받지 않고는 하나님의 백성이 될 수도 없고, 하나님의 일을 할 수도 없습니다.

(2) 하나님을 기억하게 하시려고

하나님을 기억하게 하시려고 언약을 맺으신 것입니다.

"너로 나를 여호와인 줄 알게 하리니"(62절).

우리들에게 알게 하시는 방법은 계시를 통해서입니다. 하나님의 그의

선지자들을 통해서 하나님이 어떤 분이심을 계시하였습니다. 마지막 때
는 그의 아들 예수 그리스도를 통해서 계시하였습니다. 이 모두가 다
하나님의 뜻을 기억하게 하려는데 있습니다.

  (3) 부끄러워 다시는 입을 열지 못하게 하심

  놀라고 부끄러워서 다시는 입을 열지 못하게 하시려는 것입니다.

  핑계도, 자랑할 것도 없고, 그저 감사할 것밖에는 없습니다. 하나님
의 사랑은 우리의 상식과 지식을 넘어선 것이며, 나 같은 죄인을 살리
신 주님의 역사 앞에서 부끄럽고 감사한 것밖에는 없습니다.

영원히 목마르지 아니하리니

(요4:1-9)

1. 인간의 목마름

인간의 갈증에는 본능적인 갈증, 물질적인 갈증, 권력에 대한 갈증, 지식에 대한 갈증, 하나님에 대한 영적인 갈증이 있습니다. 그 중에 종교적인 갈증, 영적인 갈증이 제일 심한 것입니다. 인간의 갈증이 많지만 따지고 보면 두 가지밖에 없습니다.

하나는 육적인 갈증이고 다른 하나는 영적인 갈증입니다. 영적인 갈증은 영원을 사모하는 갈증, 죄에서 해방되고 참 자유를 누리는 갈증입니다.

2. 인간은 왜 목이 마른가?

인간은 78%이상의 물로 되어 있기 때문에 매일 물을 많이 마셔야 하는 존재입니다. 그런데 오늘 본문은 예수님께서 영원히 목마르지 않게 해준다고 하였습니다.

우물가에서 사마리아 여인에게 하신 말씀입니다.

(1) 육체의 갈증은

육체적 욕망, 먹고 마시는 것, 남과 비교하는 것, 교만한 것, 그리고 모든 비도덕적인 생활 등이 있습니다.

(2) 세상을 향한 욕망

돈, 자동차, 집, 땅, 의복, 화려함과 사치, 높은 자리, 권력 등에 대한 애착입니다.

(3) 가장 큰 갈증

공허함과 고독인데 이것은 주님 외에는 아무도 이것을 채워줄 사람이 없습니다. 그래서 주님은 요 7:37절에서 "누구든지 목마르거든 내게로 와서 마시라"고 하였습니다. 그러면 그것이 구체적으로 무엇입니까? 바로 말씀과 성령이십니다. 38절에 "나를 믿는 자는 성경에 이름과 같이 그 배에서 생수의 강이 흘러나리라"고 했습니다.

3. 목마름을 해결하는 비결

(1) 샘물의 근원 되시는 예수님께로

계속해서 솟아나는 샘물의 근원이 되시는 예수님께로 나가야 합니다.

14절에 분명히 말씀하고 있습니다. "내가 주는 물을 마시는 자는 영원히 목마르지 아니하리니 나의 주는 물은 그 속에서 영원히 솟아나는 샘물이 되리라."

세상의 돈 버는 것도 목마름만 남고, 직위도 목마름만 남고, 육체적 쾌락도 목마름만 남습니다. 보다 근본적인 것을 해결해야 합니다. 그것은 성령을 받는 것입니다. 그러면 어떻게 생수를 얻을 수 있습니까?

첫째 생수는 하나님의 선물입니다.

둘째 생수는 구하는 자에게만 주십니다.

셋째 주님께 나아오는 자에게 주십니다.

주님께 나아오면 우리를 물이 끊어지지 않는 샘물로 인도하여 주실 것입니다. 사 58:11절에 "나 여호와가 너를 항상 인도하여 마른 곳에서도 네 영혼을 만족케 하며 네 뼈를 견고케 하리니 너는 물 댄 동산 같겠고, 물이 끊어지지 아니하는 샘 같을 것이라"고 하였습니다.

넷째 성령의 충만함을 받아야 배에서 생수가 솟아납니다.

그런데 이 성령은 사모하고, 간구하는 자에게 줍니다. 마음속에 있는 죄를 다 회개하고, 믿음으로 기도할 때 주십니다. 말씀으로 충만할 때에 성령도 충만합니다. 무엇보다도 중요한 것은 성령은 순종하는 자에게 임하십니다.

사 55:1-3절에 "너희 목마른 자들아 물로 나아오라 돈 없는 자도 오라 너희는 와서 사먹되 돈 없이 값없이 와서 포도주와 젖을 사라 너희가 어찌하여 양식 아닌 것을 위하여 은을 달아 주며 배부르게 못할 것을 위하여 수고하느냐 나를 청종하라 그리하면 너희가 좋은 것을 먹을 것이며 너희 마음이 기름진 것으로 즐거움을 얻으리라 너희는 귀를 기울이고 내게 나아와 들으라 그리하면 너희 영혼이 살리라 내가 너희에게 영원한 언약을 세우리니 곧 다윗에게 허락한 확실한 은혜니라"고 하였습니다.

영의 세계

(행2:5-13)

　본문은 오순절 때에 제자들이 방언하는 것을 보고 사람들이 놀라 "어찜이뇨?"하고 소동을 했다고 하는 장면입니다. 그들은 영의 세계를 보지도 못하고 듣지도 못하였기 때문입니다. 그래서 사람들은 저희가 새 술에 취한 것이라고 비아냥거리기도 했습니다.

　영의 세계는 크게 둘로 나누어집니다. 하나는 악령의 세계가 있고, 다른 하나는 성령의 세계가 있습니다. 영의 세계는 우리의 경험이나 지식이나 상식을 초월하는 많은 것들이 있습니다.

1. 영의 세계의 정체

　(1) 천국이 바로 신비한 영의 세계의 중심

　영의 세계의 신비 중에 신비는 바로 하나님의 나라입니다.

　(2) 하나님의 섭리가 바로 영의 신비한 세계

　영의 세계를 보는 사람들은 하나님의 섭리의 손길을 보고, 느끼면서 삽니다. 하나님의 섭리는 그의 창조와 만물의 보존과 만물의 목적과 만물의 성취의 과정에서 잘 나타납니다. 그런데 하나님은 그의 섭리를 이루기 위해서 그의 약속을 수없이 하였습니다.

　이것을 언약이라고 부릅니다. 이 언약이 바로 하나님의 섭리를 이루는 가늠자요 눈금자입니다.

(3) 하나님의 신비의 세 번째는 사명감에서 볼 수 있음

이 사명감은 바로 영의 세계에서만이 일어납니다. 그래서 우리가 영의 세계에 살면 자신의 사명을 깨닫게 되고, 알게 되는 신비를 보게 됩니다. 사명은 하나님의 섭리의 손길을 보기 전에는 알 수가 없습니다.

2. 어떻게 이 영의 세계에 살 수 있는가?

(1) 하나님이 보여주시는 것을 깨달아야

영의 눈을 떠서 먼저 보고 깨달아야 합니다. 엡 1:19절에 "그 뜻의 비밀을 우리에게 알리셨으니"라고 했습니다. 하나님이 알려주셔야 할 수 있다는 뜻입니다. 그래서 바울은 엡 3;4절에서 그리스도의 비밀을 내가 깨달았다고 했습니다. 하나님은 우리들에게 이 영의 세계의 비밀을 예수님을 통해서 또 그의 종들을 통해서 보여주십니다.

(2) 말씀을 통해 보는 영의 세계

성경 말씀을 통해서 보여주시는 영의 신비한 세계를 보고 참여하여야 합니다.

성경은 열린 비밀입니다. 누구에게나 다 열려 있습니다. 그러나 마치 비유처럼 많은 사람들에게 은폐되어 있습니다. 이것이 바로 성경의 신비입니다.

(3) 기도의 신비를 통해서

기도의 신비를 통해서 주시는 날마다의 구체적 말씀을 통해서 우리는 하나님과 만날 수 있고 그의 음성을 들을 수 있습니다.

사실 우리는 종용히 하나님과 만나서 대화하고, 교제하는 시간이 별로 없습니다. 그러므로 영의 신비한 세계 속에서 살려면 하나님과 단독으로 만나서 교제하는 신비의 시간을 가져야 합니다.

3. 영의 체험을 한 자의 생활

(1) 말씀 중심의 생활을 함

계 10:7절에 "하나님의 비밀이 그 종 선지자들에게 전하신 복음과 같이 이루리라"고 했습니다. 이 말씀 속에서 우리는 복음 안에 영의 신비한 세계가 있는 것을 알아야 합니다.

(2) 믿음 중심의 생활을 함

딤전 3:8절에 "양심에 믿음의 비밀을 가진 자라야 할지니." 믿음을 가지면 영의 눈이 열려서 그 신비한 세계를 볼 수 있다는 것입니다.

(3) 기도 중심의 생활을 함

영의 신비한 세계를 가진 사람은 조용한 시간을 통해서 주님과 만나고 대화 합니다.

영적 은사는 교회의 덕을 위한 것

(고전14:6-19)

1. 방언 은사에 대한 권면(5-12)

(1) 방언은 영적 언어

방언은 영적 언어로서 하나님께 하는 것이지 사람에게 하는 것이 아닙니다. 방언에는 대인 방언과 대신 방언이 있습니다. 대인 방언이란 외국어 방언을 말하고, 대신 방언이란 천사의 말을 하는 것, 하나님께 비밀을 말하는 것입니다.

방언에는 자기의 덕을 세우는 것이기 때문에 교회에 아무런 도움도 이익도 없습니다. 문제는 성도는 개인보다 교회의 덕을 세우는 일을 해야 합니다. 따라서 방언보다 예언하기를 힘써야 합니다. 왜냐하면 예언은 건덕, 권면, 안위를 주기 때문입니다.

(2) 거문고와 나팔의 다른 소리

거문고와 나팔은 다른 소리를 내면서 그 나름대로의 기능을 발휘합니다. 그러나 알아듣지 못하는 사람들에게는 잡음일 뿐입니다. 방언도 알아듣지 못하는 사람들에게는 잡음일 뿐입니다.

(3) 방언의 기능

방언은 영적 언어로서 하나님과의 통화를 위해서 중요한 역할을 합니다. 그러나 하나님과의 대화가 꼭 방언을 통해서만 이루어지는 것은 아니다. 하나님은 어느 나라의 말을 통해서도 대화할 수 있고 교제할 수 있습니다. 그러나 방언을 통해서 하나님과 통화를 하면

① 오랫동안을 해도 지루하지 않습니다.

② 남들이 못 알아듣기 때문에 마음 놓고 할 수 있습니다.

③ 영적으로 시원함이 있습니다.

(4) 방언의 문제점

① 남들에게 야만이 됩니다. 허공을 치는 소리에 불과합니다. 그러므로 통역이 필요합니다.

② 개인의 덕은 되나 교회에 덕을 끼치지 못합니다.

③ 교만해지기 쉽습니다.

④ 마음에 열매를 맺지 못합니다. 왜냐하면 언어가 없이는 이해할 수 없고, 따라서 깨달음이나 동기부여를 할 수 없다는 뜻입니다.

2. 방언을 제한해서는 안 됨

방언을 제한해서는 안 됩니다. 왜냐하면 방언은 영으로 기도하고 영으로 찬송하는 것을 말하기 때문입니다. 따라서 공중예배에는 방언으로 해서는 안 됩니다. 회중의 공감대를 만들 수 없기 때문입니다. 그러므로 가장 좋은 것은 방언하는 것보다 예언하기를 힘써야 합니다.

맺는말

신령한 것을 사모하는 성도들이 됩시다. 사모한다는 말은 기도와 말씀과 순종을 통해서 이루어집니다.

지금 교회가 성장 못하는 가장 큰 이유는 기도를 하지 않기 때문입니다. 물론 가정에서야 하겠지만, 그러나 교회에서 기도의 불이 되어야 하고 모범이 되어야 하는데 그렇지 않습니다. 멀리 살고 있는 것도 이해하고, 직업에 바쁜 것도 알지만, 그러나 장로는 교회의 표준입니다.

안수집사들은 하겠거니 하지만 나쁜 것은 잘 모방합니다. 어떤 사람들은 재정을 걱정하지만, 그러나 제일 큰 걱정은 기도의 불이 꺼지는 것입니다. 이것을 살리려면 장로들이 최소한 한 주에 한번 이상은 새벽 제단을 쌓아야 합니다.

기도를 시켜보면 안수집사들 가운데 전혀 영적 체험이 없는 기도도 있고, 장로들 중에는 외워서 하는 형식적인 기도도 있습니다. 이제는 영적 은사를 받아서 교회를 세우는 일을 해야 할 때가 되었습니다.

영접하는 자마다

(요1:6-13)

역사의 중심은 예수 그리스도이십니다. 오늘은 12절에 있는 "영접하는 자 곧 그 이름을 믿는 자들에게는 하나님의 자녀가 되는 권세를 주셨으니"란 말씀을 중심으로 생각해 보려고 합니다.

1. 성경이 말씀하는 예수님

(1) 태초에 계셨고 말씀이 육신이 됨

먼저 태초에 계셨다고 했고, 계속해서 말씀이 육신이 되었다고 했습니다. 이 말은 예수님이 태초부터 계신 말씀이 되신다는 것입니다. 여기서 말씀이란 단순히 생각을 표현하는 소리를 뜻하는 말이 아닙니다. 모든 것의 근본이요 권능이라는 뜻입니다. 가장 중요한 것은 계시란 말입니다. 그리고 예수님이 곧 말씀 자체라는 것은 예수님이 바로 우주의 근본이시오, 창조의 근원이시라는 것입니다.

(2) 예수님은 삼위의 한분이며 우리 하나님

1절에 보면 예수님은 삼위일체의 한분이시오 바로 우리의 하나님이시고 했습니다.

예수님을 하나님이라고 한 것은 그는 영원 전부터 계신 분이셨고, 창조된 분이 아니라 스스로 계신 분이시고, 창조자가 되신다는 뜻입니다. 그러므로 예수님을 하나님으로 믿는 것이 참 신앙입니다.

(3) 만물이 그로 말미암아 지은바 됨

3절에 보면 "만물이 그로 말미암아 지은바 되었으니"라고 했습니다.

창세기 1:26절에 보면 "우리의 형상을 따라 우리의 모양대로 우리가 사람을 만들고"라고 했습니다. 이 말은 삼위일체 하나님께서 의논하시고 계획하셨다는 뜻입니다.

(4) 예수님은 생명이라 함

4절에 "그 안에 생명이 있었으니"라고 했습니다. 이 말은 주님이 모든 존재의 근원이 되시고, 모든 존재의 의미와 목적이 되시고, 모든 것의 완성이라는 뜻입니다.

(5) 예수님은 인간의 빛이라고 함

요 8:12절에 "나는 세상의 빛이니 나를 따르는 자는 어두움에 다니지 아니하고, 생명의 빛을 얻으리라"고 했습니다.

2. 예수님에 대한 인간들의 대우

(1) 조소와 불신

그들의 반응은 조소와 불신이었습니다(7:1-9).

(2) 예수님을 의심

유대인들은 진리를 찾으면서도 예수님을 의심했습니다(7:10-19).

(3) 귀신이 들렸다고 함

사람들은 귀신이 들렸다고 했습니다(7:20-31).

(4) 민중의 선동자로 예수님을 기소

권력자들은 민중의 선동자로 예수님을 기소했습니다(7:32-35).

3. 예수님을 영접하는 자에게 주신 복

예수님을 영접하는 자들에게 주시는 하나님의 축복을 알아보겠습니다. 복음은 값없이 우리에게 주셨지만, 그러나 결코 값싼 것이 아닙니다. 영원한 것이고, 귀중한 것입니다. 복된 것입니다. 인간이 살아가면서 가장 귀중한 것은 다 공짜입니다. 공기도 공짜이고, 비도 공짜이고, 개울과 강과 바다의 물도 공짜이고, 빛도 공짜이고, 산도 바다도 다 공짜입니다.

그러면 예수님을 영접하는 자에게 어떤 축복을 주십니까?

(1) 하나님의 자녀가 되는 권세를 주심

하나님의 자녀가 된다는 것은 하나님의 유산을 물려받는다는 것이고 하나님의 보호를 받고, 축복을 누린다는 뜻입니다.

(2) 거듭나게 하시고 구원을 주심

중생은 새로운 출생이란 뜻입니다. 우리의 육체적 출생은 아담의 죄로 말미암아 부패되어 그것으로는 하나님의 나라에 갈 수가 없기 때문에 새로운 출생이 필요합니다. 위로부터의 출생을 말합니다. 그것은 성령으로 말미암아 거듭나는 것을 말합니다. 그러면 천국백성이 되고, 하나님의 자녀가 되어 영원한 삶을 살 수가 있는 것입니다.

꿈을 가지고 살자

(잠29:18)

가정을 가진 부모는 우리 자녀들에게 비전을 주고, 비전을 키워갈 수 있도록 기도해야 합니다. 왜냐하면 이상과 꿈이 우리를 만들어가기 때문입니다. 비전의 중요성은 아무리 강조해도 지나치지 않습니다. 비전이 없으면 아무것도 성취할 수 없기 때문입니다. 그렇다면 지금 우리가 가진 비전은 무엇입니까?

1. 지도자들이 비전이 없음

지금 우리 사회가 어지러운 것은 지도자들이 비전이 없기 때문입니다. 눈에 보이는 것은 비전이 아닙니다. 따라서 돈을 벌겠다는 것은 비전이 아닙니다.

우리의 근세사를 보면 과거 일제 때에는 독립운동이라는 꿈이 있었습니다. 그 후에는 민주주의 회복이라는 꿈이 있었습니다. 그러나 지금은 그런 것이 다 사라지고 없습니다. 돈을 번다는 것 외에는 없습니다. 진정한 비전이 사라진 것입니다. 이것이 오늘의 문제입니다.

2. 비전을 갖는 비결

구약의 요엘서와 사도행전에 보면 "말세에 내가 내 영으로 모든 육체에게 부어 주리니 너희의 자녀들은 예언할 것이요, 너희의 젊은이들은 '환상을 보고'(다른 말로 말하면 비전을 가지고), 너희 늙은이들은 꿈을 꾸리라"고 했습니다.

구약에 보면 꿈을 가진 세 사람을 볼 수 있습니다. 하나는 아브라함이요 다른 하나는 야곱이요, 끝으로는 요셉을 들 수 있습니다. 물론 모세나 여호수아도 다 꿈을 가진 사람들입니다.

그러나 이 세 사람은 특별히 꿈을 가진 사람들, 환상을 가진 사람들로 유명합니다.

아브라함이 가진 비전은 가나안과 축복의 근원으로서의 환상입니다. 그래서 그는 본토, 친척, 아비 집을 떠났던 것입니다. 꿈이 없다면 불가능한 일이었습니다. 선민의식(하나님이 나를 택하였다)은 이런 비전에 의해서 시작된 것입니다.

다음은 야곱입니다. 우리가 잘 아는 야곱이 형과 아버지를 속이고, 장자권을 박탈한 후에 외삼촌댁으로 도망가고 있을 때에 하늘과 땅에 사닥다리가 있고, 그 사이로 천사가 오르락내리락하는 것을 보았습니다. 하나님이 함께 계시다는 것을 확신하였습니다. 또 다시 돌아와 아브라함에게 주신 언약이 그를 통해서 이루어진다는 비전을 갖게 되었습니다.

요셉의 꿈은 더욱 유명합니다. 요셉이 그 사경 속에서, 노예로서 견딜 수 있었던 것은 바로 그의 비전 때문이었습니다. 그러므로 우리는 비전을 가져야 합니다. 특별히 자녀들에게 이 비전을 안겨주어야 합니다.

3. 비전을 자녀들에게 줄 방법

(1) 하나님과의 관계로

참된 비전은 '하나님과의 관계에서' 주어집니다. 스스로 가지는 비전은 단순히 헛된 꿈입니다. 왜냐하면 하나님은 역사 속에서 모든 것을 이루어 가시는 분이시기 때문입니다.

(2) 기도로

기도를 통해서 비전의 사람이 될 수 있습니다. 비전은 눈을 뜰 때에는 보이지 않습니다. 눈을 감았을 때 보입니다. 특별히 낮에는 보이지 않던 별이 밤에 보이듯이 비전은 눈을 감아야 보입니다. 그래서 기도가 필요한 것입니다.

(3) 독서를 통해서

많은 '독서를 통해서' 환상이 커집니다. 독서는 간접 경험입니다. 타인들의 경험을 내 것으로 만드는 것이 바로 독서입니다. 그래서 우리는 역사, 철학, 신학 문학 등 많은 독서가 필요합니다. 그러나 이민 생활에서는 독서가 쉽지 않습니다. 그래도 이것을 극복하기 위해서 우리 교회의 도서관이 생겨졌고, 감사하게도 도서관에서 헌신하는 몇 분들에 의해서 이어지고 있습니다.

(4) 훌륭한 사람을 만남으로

위대한 사람들을 만남으로 비전을 가질 수 있습니다. 왜냐하면 비전은 전염병과 같이 전달이 되기 때문입니다. 제가 최초로 비전을 가지게 된 것은 중학교 때 교장 선생님이신 권태성 선생님을 통해서입니다. 그가 처음으로 저에게 윌리암 크라크를 소개하였습니다. 그러나 참으로 저의 비전을 키워주신 분은 김선운 선생님이었습니다. 그때에 저는 미국에 대한 환상을 가지게 되었고, 학문의 세계의 깊이 속에 들어갈 수 있었습니다. 그 후에 저는 수많은 현대사를 움직이는 사람들을 만나면서 비전을 키울 수가 있었습니다. 바라기는 우리 교회에는 큰 비전을 가진 청년들과 2세들이 많이 배출될 수 있도록 함께 기도하는 새벽이 되기를 바랍니다.

오직 이것을 기록함은

(요20:30-31)

하나님께서 성경을 우리에게 주신 목적이 무엇이겠습니까? 본문 31절의 말씀을 중심으로 "오직 이것을 기록함은"이란 제목으로 성경의 기록 목적을 알아보겠습니다.

1. 당시의 상황

(1) 성경을 기록할 여유가 없었음

처음에 주님의 제자들은 선교하기에 바빠서 성경을 기록할 여유가 없었습니다. 주님을 따라 다니기에도 벅찼고, 게다가 예수님이 십자가에 못 박히셨을 때에는 절망 속에 있었기 때문에 성경을 기록할 여유가 없었습니다. 또 주님이 부활하신 다음에는 선교하기에 바빴습니다.

(2) 주님의 말씀을 기록했을 뿐

그러나 제자들이 하나씩 순교하자 교회에 주님의 말씀을 남겨야 할 필요성이 생기게 되었습니다. 사실은 처음에는 이것을 성경이라고 생각하지도 않았습니다. 다만 주님의 음성을 기록한 것일 뿐이었습니다.

(3) 늘어난 성도들에게 전하기 위해 기록

또 문제가 된 것은 교회의 숫자가 갑자기 늘어나면서 제자들이 모든 교회에 다 다니면서 복음을 전할 수가 없었습니다.

2. 성경 기록의 목적

(1) 예수님께서 그리스도이심을 믿게 하려고

예수님께서 그리스도이심을 믿게 하려고 기록했다고 했습니다.

31절에 "오직 이것을 기록함은 너희로 예수께서 하나님의 아들 그리스도이심을 믿게 하려 함이라"고 했습니다. 예수님이 바로 성경에 예언된 메시야, 즉 그리스도이심을 믿게 하려는 것이었습니다.

(2) 영생을 얻게 하려 함

두 번째 목적은 영생을 얻게 하려는데 있습니다.

31절에 "또 그 이름을 힘입어 생명을 얻게 하려 함이니"라고 하였습니다

3. 성경의 본래 목적을 위한 사명

그러면 성경의 본래적 목적을 이루기 위해서 우리는 어떻게 해야 합니까?

(1) 성경을 사랑하고 상고

먼저 성경을 사랑하고, 그것을 상세하게 살펴야 합니다.

요 5:39절에 "너희가 성경에서 영생을 얻는 줄 생각하고 성경을 상고하거니와 이 성경이 곧 내게 대하여 증거하는 것이로다"고 했습니다.

(2) 말씀은 생명의 떡임을 알고

생명의 떡인 말씀을 먹고 그 말씀으로 살아야 합니다.

마 4:4절에 "사람이 떡으로만 살 것이 아니요 하나님의 입으로 나오는 모든 말씀으로 살 것이라"고 했습니다.

(3) 성경 전체가 예수님의 행적

창세기부터 요한 계시록까지 성경의 전체가 다 예수님의 행적에 관해서 기록한 것을 믿어야 합니다.

눅 24:27절에 "이에 모세와 및 모든 선지자의 글로 시작하여 모든 성경에 쓴 바, 자기에 관한 것을 자세히 설명하시니라"고 했습니다.

(4) 성경은 구원에 이르는 지혜서

성경은 우리들에게 구원에 이르는 지혜와 모든 것을 온전케 하는 중요한 역할을 한다고 했습니다(딤후3:15-17).

15절에 "성경은 능히 너로 하여금 그리스도 예수 안에 있는 믿음으로 말미암아 구원에 이르는 지혜가 있게 하느니라"고 했습니다. 또 17절에 "이는 하나님의 사람으로 온전케 하며 모든 선한 일을 행하기에 온전케 하려 함이니라"고 했습니다.

(5) 하나님의 말씀은 과거에도 미래에도 살아 계심

하나님의 말씀은 고전이나 옛날의 말씀이나 그런 것이 아니라 지금도 살아서 움직이는 말씀입니다.

히 4:12절에 "하나님의 말씀은 살았고, 운동력이 있어 좌우에 날선 어떤 검보다도 예리하여 혼과 영과 및 관절과 골수를 찔러 쪼개기까지 하며 또 마음의 생각과 뜻을 감찰하나니"라고 했습니다.

성경은 하나님께서 우리에게 주신 최고의 선물입니다. 우리는 이 말씀을 묵상하면서 하나님의 축복을 받아야 합니다.

온전한 것이 올 때에는

(고전13:8-12)

이 세상의 대부분의 것은 부분적인 것이고, 일시적인 것입니다. 아이들은 장난감이 인생의 전부인 것처럼 보고 생각합니다. 그러나 어른이 된 뒤에는 장난감은 아이들이 성장할 때까지 임시적이란 것을 깨닫게 됩니다.

1. 본문이 주는 교훈

그것은 온전한 것이 올 때에는 온전치 못한 것을 버려야 합니다. 그런데 사람들은 온전치 못한 것을 끝까지 쥐고 있고, 그것이 최고인 줄로 착각합니다.

그러면 우리가 가진 것 중에 온전치 못한 것이 무엇인가요? 시기, 질투, 미움은 다 어린 아이들이나 갖는 추한 것들입니다. 또 방언이니 예언이니 신유니 하는 것들도 다 부분적인 것이지 온전한 것이 아닙니다. 참으로 온전한 것은 사랑입니다. 천국에 가면 방언이니 예언이니 신유니 하는 것은 다 없어집니다. 심지어 믿음이니 소망이니 하는 것도 또 지식도 천국에는 필요가 없습니다.

그러면 여기서 말한 온전한 것이 무엇일까요? 어떤 성경학자들은 성경이 바로 온전한 것이라고 주석했습니다. 그러나 성경이 다 기록된 오늘날에도 부분적으로 하던 것이 필요하기 때문에 여기서 말하는 온전한 것은 예수님의 재림이라고 보는 것이 옳다고 생각합니다.

2. 어린아이의 것을 버릴 수 있어야

아이들에게는 장난감이 유일한 재산입니다. 그러나 어른이 되면서 그 장난감의 종류가 변합니다. 자동차는 어른들의 장난감이고, 골프채도 운동을 좋아하는 사람들의 장난감에 불과합니다.

세계에서 자녀들을 위해서 가장 희생을 많이 하는 나라는 한국의 어머니들입니다. 그런데 어떤 면에서 부모들이 자녀들을 어머니의 장난감으로 삼고 있다는 것을 아십니까?

물론 자녀들은 부모의 분신입니다. 그러나 부모들은 아이들 자신의 행복보다는 부모가 못한 것을 자녀들을 통해서 대리만족으로 꿈을 이루기 바라고 있습니다. 그래서 자녀들을 혹사시키고 있습니다. 참으로 안타까운 것은 자녀들의 효도는 우리 세대가 끝나면 더 이상 존재하지 않게 될 것입니다.

부모들이 자녀들을 위해서 헌신하는 것은 당연하지만 100% 주지는 마세요. 노후에 먹을 것은 남겨두세요. 왜냐하면 우리의 자녀들이 효도하는 일은 거의 없을 것이고, 그것이 정상으로 생각하는 세대가 될 것이기 때문입니다. 노후에 자녀들에게서 아무 것도 기대하면 안 됩니다.

아무리 어린 자녀도 부모의 장난감은 아닙니다. 그들도 하나의 인격체이고, 그들 나름대로의 소원이 있습니다. 그것을 자립하도록 도와주면 그것이 부모의 사명입니다.

그러므로 이 세상에서의 부분적인 것들, 온전치 못한 것들은 다 잠시 동안의 장난감과 같은 것입니다. 때가 되면 언제인가는 다 버려야 할 불필요한 것들입니다. 그러므로 그런 부분적인 것을 영원히 가질 것처럼 꼭 잡지 마시기를 바랍니다. 심지어 우리의 몸도 다 잠시 사용할 장막일 뿐입니다. 보다 영원한 것, 즉 사랑을 꼭 잡고 살면 어디를 가든지 결코 낙심하지 않을 것입니다.

　사랑은 우리 모두의 행복의 열쇠가 될 것이고, 삶에 참 의미를 줄 것입니다. 심지어 예수님이 재림한 후에도 천국에 가서도 사랑은 필요하고 영원하기 때문입니다.

외모만 보는 인생

(고후 10:7-11)

하나님께서 사람을 창조하실 때, 두 가지 종류의 눈을 주었습니다. 하나는 밖에 있는 두 개의 눈이고, 다른 하나는 지혜라는 내적 눈입니다. 밖의 눈도 두 개를 주신 것은 한쪽 눈에 눈병이 생겼을 때에도 앞을 보도록 예비적으로 또 균형을 잡으라고 두 개의 눈을 주신 것입니다. 그런데 문제는 눈이 두 개지만 앞에만 있기 때문에 뒤를 보지 못합니다. 옆도 반만 보입니다. 그래서 모든 것을 바로 보려면 내적 눈인 지혜를 활용해야 합니다.

1. 바울의 고린도 교회 책망

바울은 고린도 교회를 책망했습니다. "너희는 외모만 보는도다"고 했습니다.

그것을 본문에 보면 두 가지의 예를 언급하고 있습니다.

(1) 외모만 보기 때문

하나님께서 주신 권세의 목적이 "세우려고 하신 것이니". 그런데 문제는 이들은 이 권세가 자기들을 파하려고 주신 것이라고 생각했습니다. 왜냐하면 외모만 보기 때문이었습니다.

(2) 약하고 말이 시원치 않다

10절에 보면 바울에 대한 비판이 나옵니다.

"편지들은 중하고 힘이 있으나 몸으로 대할 때는 약하고 말이 시원치 않다"는 비판이었습니다. 물론 바울은 베드로만큼 말의 능력은 없었습니다. 그러나 바울의 설교는 철학적 깊이가 있고, 논리가 정연하였습니다. 그래서 좀 차가운 면이 있었지만, 그러나 그 말씀 속에 나타난 하나님의 권능을 바울은 의지했고, 그 역사로 인해 많은 교회가 창립되었습니다. 더욱 놀라운 것은 바울의 서신을 통해 기독교 신학의 뿌리가 내리게 되었다는 점입니다.

바울은 11절에 이런 비판에 대해 편지와 설교의 차이점이 없다는 것을 강하게 말씀하면서 그런 비난은 외모만 보기 때문이라고 했습니다.

2. 그러면 우리 성도들은 어떻게 해야 하는가?

(1) 바로 보는 것이 중요한 것을 먼저 인식해야 합니다. 왜냐하면 보는 것에 따라 생각하게 되고, 결정하게 되고, 행동하게 되기 때문입니다. 그러면 어떻게 바로 볼 수 있습니까? 그것은 외모만 보고 판단하지 말아야 합니다. 그 내용을 보아야 하고, 특히 내적 눈인 지혜를 통해서 관찰하고 판단해야 한다는 것입니다.

(2) 사람은 누구든지 전체를 볼 수 없고, 〔일부만 보기 때문에〕 항상 우리의 문제점을 인식하고 겸손하게 판단해야 합니다. 그래서 성경을 해석할 때에도 먼저 전체를 보고, 다음에는 부분을 보고 해석하는 것입니다. 왜 우리가 남의 말을 들어야 합니까? 남의 말을 듣는 것은 사람은 입장에 따라 보는 것이 다르고, 눈이 앞에만 있기 때문에 전체를 볼 수 없기 때문입니다.

(3) 눈으로 안 보이는 것은 못 보는 눈

인간에게는 보이는 것이 전부가 아니고, 더 많은 부분을 보지 못한다는 것을 잊지 말아야 합니다. 그래서 빙산의 일각이란 말이 생긴 것입니다. 예를 들면 사랑, 믿음, 소망은 볼 수 없지만 없어서는 안 될 덕목입니다. 또 하나님께서는 보이지 않지만 그러나 살아계시고, 성령께서도 보이지 않지만 함께 계십니다. 그러므로 눈에 보이는 것에만 치중을 해서는 안 됩니다.

(4) 보이지 않는 것을 잊지 말아야

세상에서 가장 소중한 것은 보이지 않는 것을 잊지 말아야 합니다. 인간의 마음을 누가 볼 수 있습니까? 그래서 제멋대로 해석을 하고, 그래서 세상에는 말이 많습니다. 바라기는 보이는 대로 살지 말고, 말씀대로 살고 믿음대로 살기를 주님의 이름으로 축원합니다.

요동치 않는 새해

(시16:5-11)

1. 세상은 어떤 세상인가?

시 82:5절에 보면 "땅의 모든 터가 흔들리도다"라고 했습니다. 세상이 근본적으로 흔들리고 있다는 말입니다.

(1) 개인들이 요동하고 있음

세상이 요동하고, 급변하기 때문에 개인들이 요동하고 있습니다. 그러나 시 55:22절에 보면 "의인의 요동함을 영영히 허락지 아니 하시리로다"고 했습니다.

(2) 가정이 요동하고 있음

어떤 탤런트 부부가 결혼한 지 두 주간도 안 되어 서로 헤어졌다는 소문이 사회문제화 되고 있습니다. 가정은 가장 기초적인 작은 교회입니다. 그런데 이혼을 쉽게 하여 여기저기서 기틀이 깨어지고 있습니다.

(3) 교회들이 부도나고 요동침

사랑하고 서로 도와야 하는 성도들이 교회 안에서 갈등하고 대립하기 때문에 부도가 나고 요동칩니다.

(4) 부도나는 사회

직장들이 매년 수천 개가 부도가 납니다.

(5) 국가와 민족간의 싸움

국가와 세계가 핵문제로, 테러로, 민족 간의 싸움으로 요동하고 있습니다.

2. 우리를 요동케 하는 것

(1) 하나님께서 요동케 함(대상16:30).

다시 말해서 우리가 범죄했을 때 하나님께서는 심판의 일환으로 우리를 요동케 합니다.

(2) 사탄 마귀가 요동케 함

사탄의 목적은 우리를 흔들어 넘어지게 하는 것입니다. 그래서 여러 가지의 환난을 일으킵니다.

(3) 세상이 요동케 함

그래서 엡 4:14절에 "우리가 이제부터 어린아이가 되지 아니하여 사람의 궤술과 간사한 유혹에 빠져 모든 교훈의 풍조에 밀려 요동치 않게 하려 함이라"고 했습니다.

(4) 내가 나를 요동케 함

인간은 물로 된 호수처럼 작은 존재이기 때문에 마음에 작은 돌만 던져도 물결이 일어납니다. 마음에 혼란이 일어납니다. 그러므로 마음을 잘 다듬고 단속해야 합니다.

3. 요동치 않는 비결

(1) 여호와를 항상 내 안에 모셔야(시16:8).

주님 곁에 있을 때 흔들리지 않습니다.

(2) 반석 위에 집을 지어야

반석 위에 집을 지어야 합니다(마7:24).

그래야 홍수가 나고 바람이 불어도 흔들리지 않습니다. 반석은 고전 10:4절에 보면 그리스도라고 했습니다.

(3) 믿음 위에 굳게 서야(약1:6)

"오직 믿음으로 구하고 조금도 의심치 말라. 의심하는 자는 마치 바람에 밀려 요동하는 바다 물결 같으니"라고 했습니다. 믿음 위에 굳게 서지 않으면 다 요동합니다. 살전 3:2-3절에 보면 바울이 디모데를 데살로니가 교회에 보내었습니다. 이유는 이들이 믿음 위에 굳게 서서 환난 중에도 요동치 않게 하려 함이라고 했습니다.

우리 연약함을 도우시는 성령님

(롬8:26-27)

오늘 본문은 성령께서 우리의 연약함을 아시고 우리의 기도를 도우신다는 내용입니다.

1. 응답 받는 기도

기도에서 중요한 것은 응답 받는 기도인데 문제는 우리가 하나님의 뜻대로 기도하지 못한다는 것입니다.

불행하게도 우리는 하나님의 원하시는 것이 무엇인지를 모릅니다. 그러나 성령은 도와주시는 것입니다. "우리가 마땅히 빌 바를 알지 못하나." 이것은 모든 사람을 두고 하는 말입니다.

그래서 성령은

(1) 유익한 것이 무엇인지를 깨닫게 하여줌

우리에게 가장 유익한 것이 무엇인지를 깨닫게 하여줌으로써 바른 기도를 하도록 만들어 주십니다.

(2) 기도의 방향을 바로 잡아 줌

우리는 한 시간 후에 무엇이 일어날지를 모릅니다.

미래에 어떤 일이 다가올지를 모르고 살고 있습니다. 그런데 성령은 우리의 가까운 미래는 물론 저 먼 미래까지 다 알고 계셔서 기도의 방향을 바로 잡아 줍니다.

(3) 우리는 감정의 지배를 받음

남들과 마음이 상하면 죽이고 싶도록 밉습니다. 그래서 마음으로 저주를 하지만 기도를 하다 보면 성령이 그게 아니야 하고 저주의 기도를 축복의 기도로 바꾸어줍니다.

(4) 방황할 때 성령이 막아줌

정신이 통일되지 않고 자꾸만 방황하게 되는데 이것을 성령이 막아주십니다.

2. 성령께서 친히 간구하여 주심

우리가 잊어버리고 안 한 기도를 성령이 대신하여 주는 것을 잊지 마시기 바랍니다. 누군가 대신 기도하여 주는 분이 있습니다. 바로 성령이십니다.

그러면 혹시 '기도 안 해도 되는구나' 하고 생각하면 오해입니다. 성령께서 근심하십니다.

3. 성령께서는 하나님의 뜻을 아심

우리가 기도할 때에 성령께서는 하나님의 뜻을 아시고, 우리의 기도의 방향을 하나님이 원하시는 방향으로 운전 할 뿐 아니라 또 친히 간구하여 주신다고 했습니다.

무엇보다도 성령은 우리의 연약함을 잘 아십니다. 기도하기를 쉬는 죄를 범하고, 자다가 깰 때가 되었는데도 기도하는지 마는지 하는 우리들을 위하여 도와주시는 것입니다.

27절에 보면 하나님은 마음을 감찰하시는 분이라고 했습니다.

왜 감찰하십니까?

(1) 나쁜 길로 가지 않도록

나쁜 방향으로 가지 않도록 하시기 위해서입니다.

(2) 선한 길로 가게 하려고

선한 방향으로 가게 하기 위해서입니다.

(3) 성령의 결실을 위해서

성령의 열매를 맺도록 하기 위해서입니다.

(4) 천국 백성으로 삼기 위해서

천국백성으로의 삶을 살도록 하기 위해서입니다.

그리고 감찰하신 다음에는 우리의 기도를 도와주시는 것입니다. 왜 성령은 우리의 기도를 도와주시는 것일까요? 다른 좋은 것도 많은데 왜 기도를 도와주시는 것일까요?

신앙생활에서 가장 기본적인 것이 기도입니다. 기도를 하면 영혼이 숨을 쉽니다. 기도를 하면 악에서 승리합니다. 기도를 하면 다시 일어납니다. 기도를 하면 능력이 생깁니다. 기도하면 무엇이든 감당할 수 있습니다.

성령께서 하시는 것은 우리가 고기가 먹고 싶을 때 고기를 주시는 것이 아니라 낚시하는 법을 가르쳐 주시고, 고기 잡는 법을 가르쳐주어서 근본적으로 해결하도록 하는 것입니다.

우리에게 원하시는 근본적인 것은 바로 기도하는 것입니다.

우리가 해야 할 사역은?

(골1:24-29)

본문은 바울이 교회를 위해서 한 사역의 내용이 중심이 되고 있습니다.

1. 괴로움을 기뻐함(24절)

괴로움 중에는

첫째 자신이 범한 죄의 결과로 오는 괴로움이 있습니다.

둘째 바울이 당한 고난은 교회를 위한 고난이었지만 그 고난을 기뻐
　　하였습니다.

2. 그리스도의 고난

그리스도의 고난을 몸된 교회를 위하여 자신의 육체에 채웠다고 했습니다(24절).

채운다는 말은 체험한다는 뜻입니다. 기쁨으로 받아들인다고 했습니다. 여기서 중요한 말은 '교회를 위하여'란 말입니다.

우리는 자신을 위하여, 가정을 위하여 무엇을 하지만 교회를 위하여 하는 경우는 참 적습니다. 그러나 우리는 다 주님의 지체입니다. 따라서 다른 지체들의 고통을 내가 나누어 갖고 서로 고통을 분담할 수 있어야 합니다.

3. 하나님의 말씀을 이루려 함(25절).

우리가 이 세상에 태어난 것은 하나님의 말씀을 내 육체, 내 가정, 내 사회에 이루는데 있습니다. 말씀을 이룰 때 참 행복이 있고, 말씀을 이룰 때 하나님의 영광이 나타납니다.

4. 영광의 소망이 사람들에게 알려지게 해야 함

27절에 보면 "풍성한 것을 알게 하려 하심이라"고 하면서 그것은 바로 영광의 소망이며 그리스도시라고 했습니다. 예수 그리스도께서 영광의 소망이란 말입니다. 우리는 다 소망이 있습니다. 그러나 대부분의 소망은 영광의 소망이 아닙니다. 왜냐하면 우리는 멀리 보지를 못하기 때문입니다. 그런데 그 영광의 소망이 구체적으로 말하면 바로 예수 그리스도시란 말입니다. 왜냐하면 그리스도 안에 우리의 영광이 있고, 소망이 있기 때문입니다.

28절에 "각 사람을 그리스도 안에서 완전한 자로 세우려 함이니"라고 한 것은 바로 그리스도가 우리의 영광이요 소망이기 때문입니다.

구원 받은 모든 성도의 사역은 예수 그리스도를 닮아 가는 것이요, 그리스도를 전파하는 것이요, 그리스도를 위하여 고난을 당하는 것입니다.

우리를 위한 주님의 기도

(요17:6-15)

1. 주님께 속한 자들을 위한 기도

본문의 말씀은 주님께서 십자가를 지시기 전 마지막으로 제사장으로서의 기도를 하신 것입니다. 중요한 것은 오직 주님께 속한 사람들을 위한 기도라는 것입니다.

중요한 것은 우리가 게으르거나 쉬고 있을 때에도 주님은 변함없이 우리들을 위하여 기도하고 계시는 대제사장이시라는 것입니다. 그러므로 우리는 담대하게 살아야겠습니다.

그러면 누가 그리스도에게 속한 사람입니까?

(1) 하나님의 말씀을 받는 사람

하나님의 말씀을 받는 사람이 그리스도에게 속한 자입니다.

벧전 1:23절에 "너희가 거듭난 것이 썩어질 씨로 된 것이 아니요 썩지 아니할 씨로 된 것이니 하나님의 살아 있고 항상 있는 말씀으로 되었느니라"고 했습니다.

(2) 믿음을 가진 사람

그리스도에게 속한 자는 믿음을 가진 사람입니다.

8절에 "저희는…. 내가 아버지께로부터 나온 줄을 참으로 아오며 아버지께서 나를 보내신 줄도 믿었사옵니다."라고 했습니다.

(3) 주님께 순종하는 사람

그리스도에게 속한 사람은 주님께 순종하는 자입니다.

6절에 "저희는 아버지의 말씀을 지키었나이다."라고 했습니다. 그리고 마 12:50절에 "누구든지 하늘에 계신 내 아버지의 뜻대로 하는 자가 내 형제요 자매요 모친이니라."라고 하였습니다.

2. 주님이 그에 속한 자들을 위해 기도한 이유

(1) 하나님 아버지께 속한 자들이기 때문

롬 11:1절에 "하나님이 자기 백성을 버리셨느뇨. 그럴 수 없느니라"고 했습니다. 그리고 눅 21:18절에 "너희 머리털 하나도 상치 아니하리라"라고 하였습니다. 하나님께 속한 자는 하나님이 보호하신다는 말씀입니다.

(2) 주님께 속한 자들이기 때문

9절에 "저희는 아버지의 것이니이다."했고, 10절에 "내 것은 다 아버지의 것이요 아버지의 것은 내 것이 온데"라고 했습니다. 아버지께 속한 것은 다 주님께 속한 자들입니다. 그래서 주님은 이들을 위해서 기도하셨던 것입니다.

(3) 우리를 통해 주님께서 영광을 받으시기 때문

10절에 "내가 저희로 말미암아 영광을 얻었나이다"라고 했습니다. 우리는 하나님의 영광을 드러내는 존재요 도구입니다. 우리의 생각이나 행동 즉, 우리의 삶이 주님께 영광이 된다는 의미입니다.

3. 무엇을 통해 하나님께서 영광을 받으시는가?

(1) 우리의 구원을 통해서

구원의 사건은 모든 피조물로부터 영원히 영광을 받으실 하나님의 역사입니다.

(2) 신뢰를 통해서

우리의 신뢰를 통해서 하나님은 영광을 받으십니다. 우리가 하나님을 믿을 때에 하나님께는 큰 영광이 됩니다. 하나님의 은혜로 주신 선물이 열매 맺게 되기 때문입니다.

(3) 거룩한 삶을 통해서

우리의 거룩한 삶을 통해서 하나님께서 영광을 받으십니다.

성도가 하나님의 말씀을 준행할 때 그 삶이 거룩한 삶이 되는 것입니다. 이렇게 살 때 하나님은 영광을 받으십니다.

(4) 신앙고백을 통해서

우리의 신앙고백을 통해서 영광을 받으십니다. 신앙고백이란 예수님을 자랑하는 것입니다. 나의 자랑이 아닙니다.

이때에 하나님은 큰 영광을 받으십니다.

(5) 하나님 나라의 확장을 통해서

하나님 나라의 확장을 통해서 영광을 받으십니다. 하나님 나라의 확장은 선교를 통해서 나타나는데 선교가 중요한 것은 이 하나님의 나라 확장을 통해서 하나님의 뜻이 이루어지고, 하나님의 영광이 나타나기 때문입니다.

우리의 싸우는 병기는

(고후 10:1-6)

인간은 태어나면서부터 죽을 때까지 수많은 싸움을 합니다. 어려서는 친구들과도 싸우지만 크면서 질병과 싸우고, 자신과 싸우고, 세상과 싸우고, 죽음과 싸우고. 이렇게 계속해서 싸웁니다. 우리의 영적 전쟁은 결코 끝나지 않습니다.

1. 바울이 싸웠던 대상

(1) 유대주의자들과 싸움

당시 바울의 사도성을 부인한 유대주의자들과 싸웠습니다. 이들은 한때에는 바울과 함께 기독교 신자들을 잡아다가 가두고 죽이던 사람들이었습니다. 그러나 바울이 기독교로 개종을 한 다음부터는 원수로 돌변한 것입니다.

(2) 교회를 헐려는 자들과 싸움

고린도 교회를 헐어버리려고 하는 자들과 싸웠습니다. 바울은 이들을 '육체대로 행하는 자'라고 불렀습니다. 이들 가운데는 소위 기독교인이라고 하는 사람들, 고린도 교회에 등록이 된 자들도 있었습니다. 여러분, 우리가 알아야 할 것은 우리 교회를 허는 자들은 밖에 있는 자들이 아니라 안에 있는 자라는 점을 잊지 말아야 합니다.

나쁜 소문은 밖에 있는 사람들이 만들어 내는 것이 아니라 안에 있으면서 아무런 의미 없이 지껄여대는 한 마디 한 마디가 바로 루머의 근원이 되는 것입니다.

2. 바울이 사용했던 무기

(1) 온유와 관용

먼저 바울은 "온유와 관용으로" 대했다고 했습니다. 기독교의 가장 중요한 덕목은 바로 이 온유입니다. 그래서 "온유한 자는 복이 있나니 저희가 땅을 기업으로 받을 것이요"(마5:5)라고 했습니다. 그 다음에 관용을 말씀하고 있는데 이것은 좀 더 적극적인 방법이기 때문에 더 어렵습니다. 그러나 이 두 가지 마음의 자세가 바울이 가졌던 무기였고 그래서 바울은 승리를 했습니다.

(2) 견고한 진을 파함

4절에서는 "우리의 싸우는 병기는 육체에 속한 것이 아니요"라고 했습니다. 왜냐하면 세상의 전쟁과 같은 싸움이 아니기 때문입니다.

그러면 우리는 무엇으로 싸워야 합니까? 4절 하반절에서는 "견고한 진을 파하는 강력이라"고 했습니다. 개정판에서는 "어떤 견고한 진도 무너뜨리는 하나님의 능력이라"고 번역했습니다. 아주 잘된 번역입니다. 우리는 하나님의 능력으로 싸워야 합니다.

3. 대처방안

우리는 어떻게 대처해야 하겠습니까? 우리는 끝없는 영적 전쟁을 해야 합니다. 이 영적 전쟁은 크게 세 가지입니다.

첫 번째 가장 무서운 전쟁이 바로 나 자신과의 전쟁입니다. 그 전쟁은 죽는 순간까지 계속되어야 합니다.

두 번째 상대는 세상입니다. 세상이란 말은 세상의 풍습, 세상의 철학, 세상의 문화와의 싸움입니다. 특히 주님을 믿는 성도들은 항상 이 영적 전쟁에서 세속주의에 흐르기 쉽습니다. 왜냐하면 세상의 경향이 그렇게 흘러가기 때문입니다.

세 번째는 우리의 근본적 원수는 사탄 마귀입니다. 사탄은 하나님께 반항했고, 이제는 우리를 유혹해서 하나님께 대항하도록 하고 있습니다. 그러므로 이런 영적 전쟁을 하려면 우리는 하나님의 능력으로 승리하려고 해야 합니다. 진리의 허리띠를 띠고, 가슴에는 의의 흉배를 붙이고, 머리에는 구원의 투구를 쓰고, 왼손에는 믿음의 방패를 들고, 오른손에는 말씀의 검을 가지고, 기도하면서 나아가면 항상 승리할 줄로 믿습니다.

우리의 아버지 하나님

(행17:22-34)

'아버지의 날' 꽃이 무엇입니까? 민들레입니다. 이 민들레는 밟으면 밟을수록 더욱 자라기 때문에 아버지의 성품과도 같아서 민들레를 아버지의 꽃으로 결정했다고 합니다.

1. 본문의 배경

바울이 아덴의 아레오바고라고 하는 법정에 끌려갔을 때의 일이었습니다. 아레오바고는 헬라의 군신 아레스의 동산이라는 뜻입니다. 그곳에서 재판을 받게 되는 내용입니다.

(1) 사람은 모두 자기의 신을 찾음

22절에 보면 사람들은 누구나 자신의 신을 찾고 있다는 것을 말해 줍니다. "너희를 보니 범사에 종교성이 많도다"라고 그들의 종교성을 지적했습니다. 그러나 대부분의 사람들은 경배의 대상을 바로 알지 못하고 있습니다. 23절에 보면 "알지 못하는 신에게 라고 새긴 단도 보았으니"라고 했습니다. 이 말은 경배의 대상을 알지 못한 채 섬기고 있다는 뜻입니다.

2. 우리가 믿는 하나님

그러면 우리가 믿는 우리의 아버지 하나님은 어떤 분이신가요?

본문에는 세 가지로 말하고 있습니다.

(1) 만유를 지으신 신

24절에 "우주와 그 가운데 만유를 지으신 신"이라고 했습니다.

즉 하나님은 우주 만물의 창조자라는 말입니다.

(2) 생명과 호흡과 만물을 주시는 자

25절에 "무엇이 부족한 것처럼 사람의 손으로 섬김을 받으시는 것이 아니니"라고 했습니다.

하나님은 자족하시는 분이시기에 우리가 가진 어떤 것도 필요하지 않으신 분이십니다. 오히려 우리의 모든 필요를 채우시는 분이십니다.

"이는 만민에게 생명과 호흡과 만물을 친히 주시는 자이심이라."고 했습니다.

(3) 역사의 주재자

우리 하나님은 역사의 주재자이십니다. 하나님은 우리 인류를 한 혈통으로 만드시고, 또 26절에 보면 "저희 연대를 정하시고, 거주의 경계를 한 하셨으니"라고 했습니다.

생명의 길이도 하나님이 정하셨고, 심지어 거주의 경계도 하나님이 정하셨습니다. 내가 내 마음대로 했다고 착각하지 말아야 합니다. 그 하나님은 우리와 멀리 떨어져 계신 것이 아닙니다. 27절에 "그는 우리 각 사람에게서 멀리 떠나 계시지 아니 하도다"라고 했습니다.

3. 하나님이 우리를 창조하신 이유

한 마디로 말하면 '하나님을 찾고 그를 알라'고 창조하신 것입니다. 또한 '주를 위하여' 창조하셨다고 하였습니다.

(1) 가까이 찾을 수 있는 하나님

우리는 하나님을 찾을 수가 있습니다. 왜냐하면 저 멀리 계신 분이 아니라 그리스도 안에 계시고, 성경 안에 계시고, 우리 안에 계시고, 이 우주 안에 계시기 때문입니다. 그러므로 하나님은 성경의 지도 속에서 믿음의 눈으로 찾을 수 있고, 말씀을 통해서 찾을 수 있습니다.

(2) 인간은 하나님의 창조물

우리 사람들은 하나님의 창조물이라는 사실입니다. 다시 말하면 하나님은 우리들의 영원하신 아버지이십니다.

(3) 하나님께서 요구하시는 것

우리들에게 아버지 하나님께서 요구하시는 것은 무엇인가요?

30절에서 "이제는 어디든지 사람을 다 명하사 회개하라 하셨으니"라고 하였습니다. 왜냐하면 하나님이 만물과 인간을 창조하셨는데 사람들은 우상을 섬기고 있기 때문입니다. 회개하여 원래의 관계와 위치로 회복되기를 원하시는 것입니다.

우리의 직책

(고후5:18-21)

인간은 누구에게나 직책이 있습니다. 가정에서는 처음에는 자녀의 직책이 있고, 결혼하여 가정을 이루면 부모로서의 직책이 생깁니다. 우리 성도들에게도 직책이 있습니다. 이 직책은 직분에 따라 다릅니다. 그러면 그것이 무엇입니까?

1. 화목하게 하는 직책

18절에 보면 "화목하게 하는 직책을 주셨으니"라고 했습니다.

그러면 화목이란 무엇인가? 화목이란 "화합할 화, 화목할 목"의 글자입니다. 서로 뜻이 맞고 정다워지는 것을 말합니다. 따라서 화목이란 관계를 바로 가지는 것을 말합니다. 그래서 결과적으로 서로 깊은 교제를 갖도록 하는 것입니다.

2. 화목의 대상

인간은 관계적 존재이기 때문에 바른 관계를 가져야 합니다. 먼저는 위로 하나님과의 바른 관계, 아래로는 사람들과의 바른 관계를 가져야 합니다.

(1) 하나님과의 화목(20절).

많은 사람들은 인간관계에만 힘씁니다. 그러나 횡적인 인간관계만 잘 가지면 마이너스(minus)가 됩니다. 그러므로 하나님과의 관계가 먼저 바로 되어야 합니다.

(2) 세상과의 화목(19).

마 5:9절에 보면, "화평케 하는 자"라는 말로 표현하고 있습니다. 놀라운 것은 십자가의 의미를 보면 종적으로 연결되고, 횡적으로도 연결해서 플러스(Plus)표로 되어 있다는 점입니다. 이것은 종적으로도 연결하고, 횡적으로도 연결하면 모든 것이 더하기 표시처럼 큰 축복이 될 줄로 믿습니다.

3. 화목의 구체적 방법은?

(1) 그리스도 안에(19절 상)

참 화목은 오직 그리스도를 통해서만 이루어집니다. 인간은 범죄로 인해서 하나님의 진노를 받게 되었는데 그 진노를 예수님께서 대신 짊어지시고, 해결해 주었습니다. 따라서 화목은 오직 예수님 안에서만 가능합니다.

(2) 화목하라

"화목하게 하는 말씀을 우리에게 부탁하셨느니라"(19절하).

이제 하나님과 화목을 이룬 우리에게 화목하게 하는 말씀을 위탁했다는 점입니다. 화목케 하는 말씀이란 무엇입니까? 전도와 기도와 가르침입니다. 우리의 간증입니다. 바라기는 우리에게 위탁한 이런 화목의 말씀을 통해서 우리 모두가 축복의 전달자가 되기를 축원합니다.

(3) 그리스도를 대신한 사신으로서(20절).

여기서 사신이란 대사를 말합니다. 대사는 그가 대표하는 나라를 대표합니다. 그래서 치외권을 가질 정도로 존귀한 직책입니다. 그러므로 우리는 그리스도를 대신한 전권대사인 것을 기억하고 맡겨준 사명을 잘 감당하기를 축원합니다.

(4) 하나님의 의(義)로써(21절)

이것은 다른 말로 말하면 십자가를 통하여 우리가 하나님과 더하고 (plus), 이웃과 더해지는 것을 말합니다. 이때에 우리는 하나님의 의가 됩니다. 왜냐하면 우리의 의는 예수 그리스도뿐이기 때문입니다. 그의 십자가밖에는 없습니다.

그러므로 우리는 자신의 정체성을 기억하는 것은 물론 맡겨주신 직책에 충성을 다하는 우리들이 되시기를 축원합니다.

우리의 한계를 따라

(고후10:12-18)

오늘의 요절은 15절의 말씀입니다. 이 말씀을 중심으로 '우리의 한계를 따라'라는 제목으로 함께 은혜를 나누려고 합니다.

1. 유한한 인생

이 세상의 모든 것은 한계가 있다는 것을 먼저 알아야 합니다. 그래서 '화무십일홍'이며 십년을 넘길 권세가 없다고 했습니다. 한국의 재벌들을 보면 2대를 넘기는 경우가 많지 않습니다. 무엇하나 한계가 없는 것이 없습니다. 다 한계가 있습니다. 우리의 지식에도 한계가 있고, 우리의 인생의 수명에도 한계가 있고, 우리의 보는 것에도 한계가 있고, 다 한계가 있다는 것입니다.

그러면 이 한계는 누가 만들었습니까? 바로 하나님께서 우리들을 창조하실 때 정하신 것입니다. 수명을 정하신 것은 너희 피조물들은 겸손하라, 하나님만 의지하라고 만드신 것입니다. 그런데 이 간단한 원리를 모르고 사는 사람들이 너무도 많습니다.

2. 한계를 모르는 인간의 특징

(1) 하나님을 불신함

하나님을 믿지 않습니다. 그의 보내신 자 예수 그리스도를 믿지 않습니다. 무신론자가 되거나 믿는다 해도 자기들이 만든 인조 신이나 우상을 숭배합니다.

(2) 진심 없는 싱앙심

주님을 믿어도 형식적으로 믿고, 진심으로 믿지 않습니다. 말씀을 연구하지 않고, 기도생활을 게을리 합니다. 기도를 해도 하나님께 하지 않고, 사람들 들으라고 기도합니다. 불신자들은 믿을 수 있는 가능성이 있지만 이런 위선적 신자들은 소망이 없습니다. 개인이나 가정에 환난이 일어나서 큰 깨달음이 있어야 제 정신을 차리고, 하나님께로 돌아옵니다.

(3) 자기 사명을 모름

자기의 사명을 모르고 삽니다. 모든 피조물은 다 사명이 있습니다. 더구나 하나님의 형상으로 지음을 받은 인생은 다 사명이 있습니다.

(4) 입을 다물고 삶

입을 다물고 벙어리처럼 삽니다. 찬송이 없습니다. 전도를 하지 않습니다. 그래서 돌들이 소리 지르리라고 했습니다.

(5) 자기 주제를 모르고 삶

주제넘게 삽니다. 우리는 자신의 주제를 파악하고 살아야 합니다. 주제넘게 화려하게 살아도 안 되고, 청지기 정신을 가지고 살아야 합니다. 우리는 다 관리자일 뿐입니다. 생명도, 건강도, 내가 가진 모든 것이 다 하나님의 것입니다. 그러므로 우리는 주제넘게 주인행세하면서 살면 안 됩니다.

맺는말

우리는 자기를 볼 줄 모릅니다. 안 보이기 때문입니다. 말씀의 거울을 통해 자신의 모습을 보고, 항상 겸손하게 관리자로서의 삶을 살아야 합니다. 한계를 넘어가면 다시 돌아오기가 힘듭니다.

 그러므로 항상 말씀을 묵상하면서 기도하기를 힘쓰기 바랍니다. 자신의 묘지를 보면서 사는 지혜를 가지기를 축원합니다.

우상 숭배하는 일을 피하라

(고전10:14-22)

오늘의 요절은 14절입니다. "그런즉 내 사랑하는 자들아, 우상 숭배하는 일을 피하라."

왜 하나님께서 우리들에게 우상숭배를 피하라고 했을까요? 그것은 하나님께서 가장 가증히 여기는 것이 바로 우상숭배이기 때문입니다. 그래서 십계명에서도 우상숭배에 대해서 제1계명과 제2계명에서 말씀하고 있습니다. 순서에서 가장 앞에 나오는 것은 이 우상 숭배하는 문제가 가장 중요하기 때문입니다.

1. 우상숭배란?

하나님 외에 다른 거짓된 신을 섬기는 것을 우상숭배라고 말합니다. 성경에 보면 우상숭배의 방법에 여러 가지가 있는 것을 볼 수 있습니다. 자연의 통치를 믿었던 시대에는 태양과 달과 별들을 섬겼습니다. 출애굽기 32장에 보면 금송아지를 만든 것을 볼 수 있고, 사사기 17:3절에 보면, 신상을 새기거나 부어 만들거나 했던 것을 볼 수 있습니다.

한국에서는 하늘에는 천신, 땅에는 지신, 물에는 수신, 불에는 화신, 돌에는 석신, 나무에는 목신 등등 74가지나 있습니다. 인간의 무지에서 생긴 것입니다. 그러나 신약시대에 오면서 숭배의 형태도 많이 변하고 있습니다. 유형적인 것보다 무형적인 것을 더 강조합니다. 그래서 성경에서는 탐욕이 바로 우상숭배이고(골3:5절 "탐심은 우상숭배니라") 하나님보다 더 사랑하는 모든 것이 다 우상숭배라고 언급합니다.

오늘날 남아 있는 기독교 안에서의 우상으로는 십자가를 목에 걸고 있으면 사탄이 오지 않는다든가 성자들을 통한 중보기도나 마리아 상이나 예수님의 상을 만드는 것 등을 들을 수 있습니다.

2. 우상숭배를 왜 피하라고 하는가?

(1) 유일신 신앙에 어긋나기 때문

즉 제1계명에 정면으로 어긋나기 때문입니다. "너는 나 외에는 다른 신들을 네게 있게 말지니라"(출20:3절)

(2) 범신론에 빠지기 때문

우상을 섬기면 범신론에 빠지기 때문입니다.

다른 모든 종교를 인정하는 것은 참 관용한 것처럼 보입니다. 오직 하나님만을 고집하면 사람이 좀 좁아 보입니다. 그러나 우리 기독교인들이 끝까지 우상을 거절하는 것은 그것은 바로 불교에서 말하는 범신론이기 때문입니다.

(3) 하나님의 영광을 가림

하나님의 영광을 가릴 뿐만 아니라 그가 가증히 여긴다고 말씀했기 때문입니다.

제일 계명의 실천이 바로 제2계명입니다. 그래서 우리는 우상을 멀리해야 합니다.

3. 우상숭배를 어떻게 피할 수 있는가?

(1) 하나님 제일주의로 살면 됨

그러나 대부분의 사람들은 세상의 표준대로 살려고 합니다. 그러나 우리는 그렇게 할 수가 없습니다. 순교하면서도 제사를 안 지내는 것은 하나님 제일주의 때문입니다.

(2) 구별된 삶을 살면 됨

우리를 성도라고 하는 것은 구별된 존재라는 뜻입니다. 세상 사람들처럼 살 수가 없기 때문입니다.

(3) 하나님보다 더 사랑하는 것은 다 버려야 함

사실 우리는 자녀들을 하나님보다 더 사랑하고, 돈을 하나님보다 더 사랑하고, 자기의 취미를 하나님보다 더 사랑합니다. 그러나 그것은 우상숭배입니다.

4. 우상숭배를 피했을 때 주시는 축복

(1) 하나님 백성의 직위를 누림

하나님의 자녀, 하나님의 백성의 직위를 누리게 됩니다. 하나님의 자녀가 된다는 것은 하나님의 모든 것을 누릴 수 있다는 뜻입니다. 천국에 우리들을 위해서 예비한 모든 것을 다 가질 수 있다는 뜻입니다.

(2) 자손만대로 축복을 누림

자손만대로 하나님의 축복을 누리게 됩니다.

출 20:6절에 "나를 사랑하고 내 계명을 지키는 자에게는 천대까지 은혜를 베푸느니라"고 했습니다.

이것은 자손만대가 축복을 받는다는 뜻입니다. 그런 축복이 우리 모두에게 넘치기를 축원합니다.

(3) 하나님과 동행하는 삶

하나님께서 동행하는 삶, 에녹 같은 삶을 살 수가 있습니다. 세상에서 가장 행복한 것은 하나님과 함께 하는 삶입니다. 에녹을 위대하다고 하는 것은 그가 하나님과 동행을 했기 때문입니다.

(4) 항상 승리하는 삶을 살게 됨

승리하는 삶은 똑똑해서 되는 것이 아닙니다. 많이 배웠다고 되는 것도 아닙니다. 돈이 많다고 되는 것도 아닙니다. 하나님과 동행할 때 승리하게 됩니다.

맺는말

우상숭배는 하나님을 믿는 자에게는 절대로 있을 수 없다는 생각을 가지면 우상숭배를 피할 수 있습니다. 바라기는 우리 모두가 다 우상숭배를 버리고 하나님만을 섬기는 승리자가 되시기를 축원합니다.

우상숭배로 얼룩진 두아디라 교회

(계21:18-29)

1. 두아디라는 어떤 곳인가?

'두아디라'라는 말은 두 단어에서 유래된 말입니다. 하나는 '희생제물' 이라는 말이고, 다른 하나는 '계속적'이라는 말입니다. 이것은 두아디라 교회의 성격을 잘 말해줍니다. 그들은 계속적으로 우상에게 희생제물을 드리는데 관련되었던 것입니다. 두아디라 교회는 행 16:14절에 보면 비단 장수 '루디아'의 고향으로 되어 있습니다.

이 교회에는 이세벨(불순이라는 뜻)이라는 이름을 가진 자칭 선지자라 고 하는 여자가 있었습니다. 교회는 그녀를 용납하였다고 했습니다. 이 세벨에 대하여는 전혀 알려진 바가 없습니다. 그러나 전해져 오는 견해 에 의하면 감독의 아내라는 설도 있고, 유대인 회당이란 설도 있고, 실 제로 존재했던 인물이란 설 등 여러 설들이 있습니다.

2. 두아디라 교회에 대한 주님의 칭찬

첫째 '사업' 즉 교회의 프로그램이 다양하였습니다.

둘째 에베소 교회와는 달리 '사랑'이 있는 교회였습니다.

셋째 '믿음'이라고 했습니다

넷째 '섬김'이 있었습니다.

그들은 구제와 같은 자발적인 봉사로 유명하였습니다.

다섯째 '인내'할 줄 아는 교회였습니다.

3. 두아디라 교회에 대한 주님의 책망

21절에 "회개할 기회를 주었으되 그 음행을 회개하고자 아니하는도 다"고 했습니다. 처음에 이세벨은 겉으로는 중생한 듯이 보였고 신앙을 고백하였으나 마음이 완악하여 반항하고 조직을 하였습니다. 놀라운 것은 에베소 교회는 이런 사교를 '미워'하였고, 버가모 교회는 '용납'하였고, 두아디라 교회는 '환영'하였다는 점입니다.

그러면 이세벨이 한 일은 무엇인가요? 20절에 네 가지가 나옵니다.

첫째 '가르쳐'

둘째 '꾀어'

셋째 '행음하게 하고'

넷째 '우상의 제물을 먹게 하는도다'고 하였습니다

24절에 나오는 이세벨이 유혹한 사탄의 깊은 것(2:24)이란 무엇인가 하면 아마도 이것은 신비적인 지식으로 그들만이 가지고 있다는 소위 '계시'를 말합니다. 다시 말하면 사탄의 깊은 것을 말한다고 하면서 사탄과 교제하였던 것입니다.

4. 고난의 주님께서 주신 경고와 권면

(1) "회개하라"

(2) "너희에게 있는 것을 주님이 오실 때까지 굳게 잡으라..

그렇지 않으면 "그를 침상에 던질 터이요 또 그로 더불어 간음하는 자들도 그의 행위를 회개치 아니하면 큰 환난 가운데 던져"(22절)라고 하였습니다.

우상의 제물에 관하여

(고전 8:1-6)

지금은 우상의 제물이 별로 문제가 되지 않습니다. 있다면 술과 담배 문제가 좀 있을 뿐입니다. 그러나 바울 당시에는 이 문제가 신앙생활에서 중요한 문제였습니다.

1. 사랑은 덕을 세움

고린도인들은 지식을 자랑했습니다. 여기서 영지주의라고 하는 이단이 생겼습니다. 영지란 말은 '그노시스', 지식이란 뜻인데 영적인 지식, 즉 하나님께로부터 자기가 직접 받은 지식이 있다고 자랑을 했습니다.

그러면 영지주의의 무엇이 문제가 됩니까? 하나님은 영이시기 때문에 물질과 관계가 없다는 사상입니다. 그러면 예수님이 이 땅에 오신 것도 역사적으로 오신 것이 아니라 환상으로 오셨고, 십자가 지신 것도 다 환상으로 보는 것입니다. 게다가 윤리적으로도 문제가 있었습니다. 두 가지 문제가 생겼습니다. 첫째는 금욕주의, 둘째는 율법 폐지론 같은 방탕주의가 나왔던 것입니다.

현대에도 이단들이 많습니다. 그래서 요일 4:1절에 보면 "영을 다 믿지 말고, 오직 영들이 다 하나님께 속하였나 시험하라"고 했습니다. 요즈음의 이단은 아주 간교하게 옵니다. 이단은 우리의 약점을 알고, 그것을 가지고 오기 때문에 열심 있는 분들이 넘어갈 가능성이 많습니다.

그러므로 스스로 지식이 있다고 자랑하면 결국 교만에 빠집니다. 그러나 사랑은 모든 사람을 이롭게 도와주는 덕을 쌓습니다. 그러므로 우리는 이기적인 지식이 아니라 따뜻한 사랑이 담긴 지식을 가질 때 힘이 있고 유익이 됩니다.

2. 하나님은 한 분뿐임

하나님은 삼위, 성부, 성자, 성령이 있으시지만 그러나 하나님은 오직 한 분이십니다. 세 분 하나님이 계신 것이 아닙니다. 마치 태양은 하나이지만 본체가 있고, 빛이 있고, 열이 있듯이 하나님도 한 분이시지만, 그러나 세 가지의 위를 가지고 우리와 만나주시며 역사하십니다.

이단인지 아닌지를 아는 비결은 크게 세 가지를 보면 알 수 있습니다. 세 가지의 특징은

첫째, 성경이 정확무오한 하나님의 말씀인 것을 부인합니다.

둘째, 그리스도의 대속의 사역을 제한 혹은 부인합니다.

셋째, 삼위일체론을 부정하는 것입니다.

3. 우상숭배는 어리석은 짓

고대 교회 당시의 우상숭배는 오늘과 많은 차이점이 있었습니다. 당시에는 주로 금이나 은으로 어떤 형태를 만들어서 그것을 가지고 다니도록 하였거나 아니면 성전에 세워두고 섬겼던 것입니다. 애굽에 가면 큰 형태의 우상들을 많이 볼 수 있습니다. 그러나 드라빔 같은 것은 아주 작은 형태입니다.

왜 그러면 이 우상숭배가 문제가 되는 것일까요? 우상숭배가 문제되는 것은 하나님을 어떤 형태 속에 가두어두고, 내가 원하는 것을 이루도록 하려는 인본주의, 기복신앙에 문제가 있기 때문입니다. 다시 말하면 우상은 참신이 아니라 인간이 만든 인조신인 것입니다. 거기에는 인

간의 탐욕이 핵심을 이루고 있습니다.

그러나 오늘의 우상은 어떤 형태보다는 우리의 마음속에 자리 잡고 있는 탐욕, 또 하나님보다 더 사랑하는 돈 같은 것이 바로 현대판 우상인 것입니다. 이런 우상을 물리쳐야 합니다.

바울 당시에 문제가 된 것은 우상의 제물이었습니다. 문제는 대부분의 고기가 일단 우상에게 바쳐졌고 그 후에 시장에서 판매되었습니다. 그래서 대부분의 고기들이 우상의 제물이었습니다. 문제는 그것이 성도들 중에 마음이 약한 사람들에게 절망케 하고, 해를 주는데 있었습니다. 그래서 바울은 믿음이 약한 성도들을 위해서 고기를 먹지 않겠다고 한 것입니다. 이것이 바로 바울의 사랑이었습니다. 우리는 이런 사랑이 필요합니다.

원망이 있을 때

(행6:1-6)

본문은 초대교회에 일어났던 불평과 원망의 사건을 기록한 것입니다. 원망은 불만에서 시작됩니다. 인간의 이기심은 언제나 불만하며 이것이 때로는 발전을 가져오기도 하지만 대부분의 경우는 원망을 통해서 죄를 짓게 합니다.

1. 원망은 어디서 오는가?

(1) 소외되거나 불평등한 대우를 받는다고 생각할 때

자기가 소외되거나 불평등한 대우를 받는다고 생각할 때에 생깁니다.

그런데 이것은 결과적으로 역사를 주관하시는 하나님께 대한 것이기 때문에 하나님께 대한 범죄입니다. 출애굽기와 민수기를 보면 광야의 이스라엘 백성들은 열 번이나 하나님을 시험했는데 모두가 원망의 형태로 나타났습니다. 이처럼 원망은 죄의 근원이므로 비록 마음에 안 들어도 원망하지 말아야 합니다. 시 37:1절에 "행악자를 인하여 불평하지 말며 불의를 행하는 자를 투기하지 말지어다"라고 했습니다.

(2) 불신에서 생김

원망은 하나님께서 협력하여 선을 이루시는 것을 불신하는 데서 생겨지는 죄이기에 무서운 죄입니다.

롬 8:28절에 "우리가 알거니와 하나님을 사랑하는 자 곧 그 뜻대로 부르심을 입은 자들에게는 모든 것이 합력하여 선을 이루느니라"고 했습니다. 내일을 보지 못하고 오늘만 보는 자들은 근시안적이어서 불만하고 원망합니다. 결국은 하나님께서 모든 것을 합력하여 선을 이룬다는 것을 믿지 않는 데서 오는 불신의 죄입니다.

(3) 비교의식에서 오는 마귀의 전술

원망은 다른 사람들과의 비교의식에서 오는 마귀의 현대적 전술입니다. 당시 헬라어를 사용하는 유대인과 히브리어를 사용하는 유대인이 있었습니다. 불행하게도 히브리어를 모르는 헬라파 사람들이 구제에서 제외되자 원망이 시작된 것입니다. 비교하여 자기가 혜택을 상대방보다 못 받는다는 비교의식에서 시작된 것입니다.

2. 원망의 열매

(1) 하나님께 죄를 짓게 됨

이스라엘 백성들이 모세에게 원망하였을 때에 하나님께서는 그것이 바로 나에게 하는 것이라고 말씀하셨습니다.

(2) 은혜를 상실함

하나님의 은혜를 상실하게 합니다.

원망은 원망을 낳고, 불평은 불평을 낳게 됩니다. 그래서 나중에는 받았던 은혜까지 다 상실하게 됩니다.

(3) 원망은 영적 전염병

원망은 공동체에 전염을 시켜서 불신앙으로 몰고 가는 영적 전염병입니다.

출애굽기와 민수기를 보면 이 원망의 병은 모든 사람들에게 예외 없이 다 점염이 된다는 점입니다.

3. 초대교회의 원망 해결

(1) 우선순위를 바로 함

2절에 보면 사도들은 하나님의 말씀을 전하는 일을 제쳐놓고 "공궤를 일삼는 것이 마땅치 아니하니"라고 말했습니다.

(2) 아무도 구제에서 빠지지 않도록 함

안수집사를 뽑아서 아무도 구제에서 빠지지 않도록 했습니다(3절)

교회도 사람들에 의해서 운영되기에 공평하지 못할 때가 있습니다. 그리고 아무리 공평하게 해도 받는 사람의 입장에서는 공평하지 못하다고 생각할 수가 있습니다. 그러므로 소외되는 사람들이 없도록 노력해야 합니다.

(3) 교회의 일을 분업화시킴(2절).

성경에 보면 예수님께서 제자들을 택하여 일을 맡겨주셨는데 그것이 바로 분업화의 한 형태였습니다. 혼자서 다하는 것보다 분업을 하는 것이 더 효율적입니다. 그리고 분업의 기준과 근거는 하나님이 주신 은사였습니다. 자기가 잘할 수 있는 것으로 하게 하는 것입니다.

위로의 하나님

(고후1:1-11)

3절에 보면 "모든 위로의 하나님이시며"라고 했습니다. 물론 세상 사람들 가운데 예를 들면 가족이나 친구들도 때로는 우리들을 위로해줍니다. 그러나 진정한 위로는 오직 위에 계신 하나님만이 주실 수 있습니다.

여기서 위로라는 말의 원문을 보면 'para-klyseus'라고 했는데 이 말은 "부름 받아 함께 계신다"란 뜻입니다. 사람들이 함께하지 못할 때에도 하나님은 함께하십니다.

실패하고 병들었을 때에도 하나님은 함께 하십니다. 하나님은 함께하시는 것만으로도 위로가 됩니다. 왜냐하면 그는 모든 것을 다 아시고, 능력이 있으시고, 더 중요한 것은 우리들을 사랑하시고 돌보아 준다는 점입니다. 믿습니까? 아멘.

1. 하나님은 어떤 분이신가?

3절에 보면 세 가지로 하나님을 말씀하고 있습니다.

(1) 예수 그리스도의 하나님

"그는 우리 주 예수 그리스도의 하나님이시오"

(2) 자비의 아버지

"자비의 아버지시오"

(3) 위로의 하나님

"모든 위로의 하나님이시며"

2. 어떻게 위로하시는가?

(1) 환난 중에서

4절에 "우리의 '모든 환난 중에서' 우리를 위로하사"

(2) 그리스도로 말미암아

5절, "우리가 받는 위로도 그리스도로 말미암아 '넘치는 도다'."

(3) 고난을 견디게 함

6절, "이 위로가 너희 속에 역사하여 우리가 받는 것 같은 고난을 너희도 견디게 하느니라."

(4) 소망이 견고

7절, "소망이 견고함은"

(5) 하나님만 의지하게 하심

9절, "이는 우리로 자기를 의지하지 말고 오직 죽은 자를 다시 살리시는 하나님만 의지하게 하심이라."

(6) 사망에서 우리를 건지심

10절, "그가 이같이 큰 사망에서 우리를 건지셨고, 또 건지실 것이며"

(7) 기도로 얻은 은사로

11절, "많은 사람의 기도로 얻은 은사로 말미암아"

3. 우리는 어떻게 살아야 하는가?

(1) 환난을 당할 때 하나님께 부르짖음

'하나님께서는 언제든지 우리를 위로하기 원하신다'는 것을 기억하고, 모든 환난을 당할 때에 하나님께 부르짖으라. 사 51:12절, "너희를 위로하는 자는 나여늘, 너는 어떠한 자이기에 죽을 사람을 두려워하며 풀 같이 될 인자를 두려워하느냐."

(2) 말씀에 귀를 기울임

하나님께서는 '말씀을 통해서 위로'하기를 원하시기 때문에 항상 그의 말씀에 귀를 기울이라. 시 119:50절에 "이 말씀은 나의 곤란 중에 위로라. 주의 말씀이 나를 살리셨음입니다."

(3) 위로도 그리스도로 말미암아

5절에, "우리의 위로도 그리스도로 말미암아 넘치는도다."

(4) 마음을 위로하게 하기 위하여

엡 6:22절, "또 너희 마음을 위로하게 하기 위하여 내가 특별히 저를 너희에게 보내었노라." 하나님께서는 주의 종들을 보내어 우리들을 위로하기도 하십니다. 골 4:11절에도 사람들이 나의 위로가 되었느니라'고 했습니다. 살전 4:18절에 "이 여러 말로 서로 위로하라"고 했습니다.

위로하시는 하나님

(고후7:5-9)

이 세상의 어느 누구도 위로가 필요 없는 사람은 한 사람도 없습니다. 교인들만 위로가 필요한 것이 아니라 목사도 하나님의 위로하심은 물론 심지어 교인들로부터의 위로도 필요합니다. 왜냐하면 인간이기 때문입니다. 왜 천주교회에서 고해성사를 합니까? 하나님께 기도할 때는 갑갑했지만 사람인 사제를 통해서 용서의 말을 들을 수 있기 때문입니다. 그러면 우리가 믿는 하나님은 어떤 분이십니까?

1. 우리가 믿는 하나님은 어떤 분이신가?

(1) 어려움을 체휼하신 위로자

우리의 모든 어려움을 체휼하신 위로자, 곧 그의 아들 예수님을 우리에게 보내주신 분이십니다(히4:15). "우리에게 있는 대제사장은 우리 연약함을 체휼하지 아니하는 자가 아니요"라고 했습니다. 사제를 통해서 말씀하시는 분이 아니라 그의 아들 예수 그리스도를 이 땅에 보내어 하나님의 얼굴을 직접 보게 하시고, 직접 말씀하게 하시고, 직접 그의 삶을 통해서 사랑하게 하셨습니다.

(2) 함께 계시는 위로자

하나님은 연약한 우리를 항상 도우시려 '함께 계시는 위로자'이십니다. 고후 1:3절에 "찬송하리로다. 그는 우리 주 예수 그리스도의 아버지시오 '모든 위로의 하나님'이시며"라고 했습니다. 하나님 자신이 우리를 위로해주시는 것입니다.

(3) 짐을 대신 져주시는 위로자

예수님을 통해 우리의 '짐을 대신 져주시는 위로자'이십니다(마11:28-29). 그래서 수고하고 무거운 짐진 자들아 다 내게로 오라 내가 쉬게 하리라고 한 것입니다.

우리에게는 여러 가지의 짐이 있습니다. 가장 무거운 짐은 '죄의 짐'입니다. 다음에는 '의무와 책임의 짐'도 있습니다. 여러분들은 여러 가지의 직분을 맡은 후에 걱정되는 짐들이 있을 것입니다. 저는 당회장이란 직분 때문에 때로는 잠을 못 잘 때가 있습니다. 교인들의 모든 아픔이 바로 저에게 전달되기 때문입니다. 이런 짐들을 주님이 대신 져주신다고 했습니다. 할렐루야.

2. 하나님의 바울 위로

(1) 디도가 바울을 위로함

"디도의 옴으로 우리를 위로하셨으니"(6절). 디도는 바울의 제자입니다. 그런데 그 디도를 바울에게 보내어 위로를 받게 했습니다. 부모가 늙으면 아들이 멀리서 와도 위로가 됩니다. 가족들이 방문을 하여도 위로가 됩니다. 왜냐하면 사람이기 때문입니다. 그래서 디도가 바울에게 온 것으로 그는 큰 위로를 받았던 것입니다.

(2) 기쁜 소식으로

'기쁜 소식'을 전함으로 바울을 위로했습니다(7절). 그 기쁜 소식은 교회에 대한 소식이었습니다. 바울이 개척한 교회들이 어떻게 성장하고 있고, 어떤 일을 하고 있는지 듣고 바울은 위로를 받은 것입니다. 저도 성도들이 직장에서 혹은 사회에서 유명하게 되거나 잘되면 내 가정에서 일어난 것처럼 기쁘고 좋습니다. 바울도 마찬가지였던 것입니다.

(3) 회개함에 이른 까닭(9절).

목회자의 가장 큰 목적은 복음을 전한 다음에 들은 사람들이 회개하여 거듭나고, 하나님의 백성들이 되는 것입니다. 그런데 그런 소식을 들었으니 얼마나 즐겁고 기뻤겠습니까?

3. 우리는 어떻게 해야 하는가?

간단합니다. 위로의 하나님을 통해 항상 위로를 받으면서 광야 세상을 살아가는 것입니다. 혼자서 울지 말고, 하나님의 위로를 받으면서 사는 것입니다. 그것을 도와주는 것이 목사입니다. 우리 교인들은 자존심이 강해서 모든 것을 숨기려고 합니다. 그러나 참으로 목사가 필요한 것은 그 부끄러운 짐, 무거운 짐을 주님께 맡기기 위해서 목회자의 자문을 구하고 기도를 구하는 것입니다. 기쁠 때만 만나려고 하지 말고, 정말 슬플 때, 힘들 때 찾아와서 함께 기도하면 큰 위로가 될 줄로 믿습니다.

유다와 예루살렘에 대한 심판

(사3;1-14)

1. 의지하는 것을 다 제하여 버리심(1절).

(1) 우리가 의지하는 것들

돈, 자식, 부모, 권력, 지식, 경험…. 그것이 무엇이든 다 제거하는 때가 옵니다. 그러므로 소유란 완전한 내 것이 아닙니다. 중요한 것은 존재만이 내 것입니다. 내 인격, 내 신앙, 내 행실. 이것들은 죽은 후에도 없어지지 않고 나를 따라 다닙니다.

(2) 의지하는 것을 제하심

하나님 외의 것을 하나님처럼 의지하는 것을 하나님은 제하여 버리십니다. 그것은 우상숭배의 죄와 같은 악한 것입니다. 이스라엘은 하나님보다 세상적인 조건을 더 의지하였기 때문에 그것을 아시는 하나님께서는 이스라엘이 의지하는 것을 다 제하여 버리신다고 말씀하신 것입니다.

재물을 의지하면 재물을 제하여 버리시고, 양식을 의지하면 양식을 제하여 버리시고, 이웃 국가(애굽이나 앗수르)를 의지하면 그것으로부터 도움을 못 받게 하신다는 것입니다.

이것은 오늘날도 똑같습니다. 성도들이 하나님보다 세상을 더 의지하면 그때와 같이 지금도 그렇게 하시는 것입니다. 왜냐하면 하나님은 참 성도를 위해서는 그것에 합당한 징계를 주시는 분이시기 때문입니다.

2. 지도자들을 심판하심(2-3절)

(1) 지도자에게는 큰 책임이 있기 때문

지도자들을 심판하심은 가장 큰 책임이 있기 때문입니다.

(2) 지도자가 심판 받고 나면

지도자가 심판 받고 나면 지도자가 없으므로 아이들이 방백이 되고, 백성들끼리 서로 학대하게 될 것입니다(4-5절).

6절은 그때의 무정부 상태를 잘 표현하고 있습니다.

"너는 옷이라도 걸쳤으니 우리의 통치자가 되어다오". "이 폐허에서 우리를 다시 일으켜다오"라고 부탁을 해도 7절의 말씀처럼 거절하는 시대가 올 것입니다.

8절에는 이렇게 된 이유를 말씀합니다.

"하나님의 영광스러운 현존을 모독하였기 때문이다."

(3) 지도자들이 백성을 착취함(14절).

방백들과 거짓 선지자 그리고 타락한 제사장들은 한 통속이었습니다. 백성들을 돌아보기는커녕 각자가 서로 자기들의 욕심을 채우려는 탐욕스러운 자들이었습니다.

그 결과

첫째 하나님께서는 정수리에 딱지가 생기게 하시며 그들의 하체가 드러나게 하셨습니다(17절)

둘째 장식품들을 제하여 버리셨습니다(19-23절).

셋째 썩은 냄새(질병과 가난의 결과로)가 향을 대신하게 됩니다.

넷째 노끈이(포로의 생활)띠를 대신하고.

다섯째 대머리가 머리털을 대신하고
여섯째 굵은 베옷이 화려한 옷을 대신하고
일곱째 자자한 흔적(수치의 자국)이 고운 얼굴을 대신하게 되고
여덟째 장정들은 전쟁으로 인해 죽임을 당하고
아홉째 시온은 황무하게 될 것이라고 하셨습니다.

유대인들의 반박

(롬3:1-8)

본문은 유대인들의 변명, 심지어 바울에 대한 반박을 구체적으로 나열하여 답변하고 있습니다.

1. 구원은 오직 믿음으로 말미암는 것

바울은 구원은 오직 믿음으로 말미암는 것이지 종교적 의식은 아무런 의미가 없다고 지적했습니다.

지금도 많은 사람들이 교회의 의식에 의존하고 있습니다. 물론 의식은 예표로서, 혹은 그림자처럼 중요한 의미가 있습니다. 그 중에 하나가 바로 할례였습니다. 할례는 신약의 세례처럼 더러운 것은 잘라버리고, 온전히 하나님께 바치어졌다는 뜻을 가지고 있습니다.

세례는 할례의 연장이요 완성입니다. 그러나 물의 세례는 성령의 세례 없이는 하나의 형식이요 그림자일 뿐입니다. 중요한 것은 그 본질입니다.

바울은 율법이 필요 없다고 한 것이 아닙니다.

율법은 크게 세 가지의 중요한 역할을 합니다.

첫째 그리스도에 이르는 몽학 선생이요

둘째 우리의 죄 됨을 깨닫게 해주는 거울입니다.

셋째 율법은 하나님의 뜻을 가르쳐 줍니다.

그러나 율법으로는 구원을 받는 것이 아니란 말입니다. 우리는 믿음으로 구원을 받는다고 착각하고 있습니다. 그러나 믿음이 우리를 구원하는 것이 아니라 우리가 믿는 주님이 우리들을 구원하는 것입니다.

사실 기독교인들만 믿는 것은 아닙니다. 이슬람교 신자들도 믿고, 불교 신자들도 믿습니다. 그러나 그들이 구원을 받을 수 없는 것은 그들이 주님을 믿지 않기 때문입니다. 구원은 우리가 믿는 주님이 우리들을 구원해주시는 것이기 때문입니다.

2. 바울의 유대인들에 대한 공격

(1) 유대인들의 나은 점(1절).

바울은 유대인의 나은 점이 많다고 하였습니다. 2절에서 가장 중요한 것은 "하나님의 말씀을 맡았음이니라"고 했습니다. 구약성경을 말하는 것입니다. 그러면 왜 하나님께서 말씀을 맡기셨는가? 그런데 그들의 성실성이나 의로움과는 아무 관계가 없이 하나님께서 일방적으로 맡기셨기에 유대인들이 자랑할 만한 조건은 못됩니다.

(2) 유대인들의 불신앙

두 번째 질문은 유대인들의 불신앙이 하나님의 신실하심을 무효화할 수 있나 입니다.(3절)

믿음이 없는 유대인들이 하나님 앞에서 자랑이 못된다고 한다면 그러면 하나님과 맺은 언약은 어떻게 되는가? 이에 대해서 바울은 하나님과 맺은 언약은 인간의 배신에도 불구하고 하나님께서 그의 언약에 대한 신실하심을 지키신다는 것입니다. 즉 하나님의 구원은 인간의 배신행위에 관계없이 철회하지 않으신다는 것입니다.

(3) 유대인들의 불의가 하나님의 의를 드러낸다면

유대인들의 불의가 하나님의 의를 드러낸다면 하나님께서 진노하실 필요가 없지 않는가입니다.

그러나 이 말은 가룟 유다가 아니었다면 주님이 십자가를 지지 않으셨을 것이고 따라서 가룟 유다는 공헌자라는 논리와 같은 말입니다. 바울은 단호하게 부정합니다.

7절은 유대인들의 궤변을 기록한 말입니다.

나의 거짓말로 그의 영광이 되었으면 어찌 심판을 받겠느냐는 것입니다. 이에 바울은 8절에서 "저희가 정죄 받는 것이 옳으니라"고 결론 짓습니다. 이런 이론에 근거하여 상황윤리가 생겨나서 20세기 초에 유행하였습니다.

그러면 이런 궤변의 결과는 무엇인가요?

그것은 8절 모두에 나옵니다. "그러면 선을 이루기 위하여 악을 행하자 하지 않겠느냐?"

결론을 말하면

첫째 유대인들이 나은 것은 그들의 도덕성이나 특권에 있는 것이 아니라 하나님의 말씀을 맡은 데 있습니다.

둘째 율법은 유익한 것이지만, 그러나 한계가 있습니다. 따라서 율법으로는 구원을 받을 수 없습니다.

셋째 바울이 율법의 한계를 말했지만, 그러나 도덕의 폐기를 말한 것은 아닙니다.

유대인들의 허울

(롬2:17-29)

1. 유대인들의 6가지 고백

(1) 율법을 의지하며(17)

말로만 율법을 의지한다고 합니다. 그러나 실제로는 자기의 주장을 의지하고, 자기 생각대로 살았습니다.

(2) 하나님을 자랑하며(17)

말로는 하나님을 자랑하는 것같이 보이지만 실제로는 자신을 자랑하고 자신을 광고했습니다.

(3) 하나님의 뜻을 알고(18)

성경을 통해서 하나님의 뜻이 무엇인지를 알고 있다고 자랑했습니다. 그러나 그들은 아는 것에 끝날 뿐 행하지는 않았습니다.

(4) 지극히 선한 것을 좋게 여기며(18)

아주 선한 척하고, 선을 추구하는 것처럼 위선을 가졌습니다.

(5) 지식과 진리의 규모를 가진 자(19)

성경 지식과 진리의 규모를 가진 자이나 문제는 그것이 표준이 아니고, 장식일 뿐이었습니다. 허울만 번지레하였습니다.

(6) 소경의 길을 인도하는 자(19-20)

"소경의 길을 인도하는 자요 어두움에 있는 자의 빛이요 어리석은 자의 훈도요 어린아이의 선생이라."

당시 랍비란 이름은 가장 존경을 받는 이름이었습니다. 랍비를 일명 인도자, 빛, 훈도, 선생이라고 불렀습니다. 그러나 속에는 노략질하는 것뿐이었습니다.

바울은 왜 유대인들의 허울을 다루고 있습니까?

그것은 비판이 아니라 인간의 힘과 능력으로는 구원 받을 수 없고 오직 하나님의 은혜만이 믿음을 가지고 온다는 것을 강조하기 위해서입니다.

2. 형식주의와 의식종교를 가진 유대인들의 문제점

(1) 자신은 가르치지 않음

다른 사람은 가르치면서 자신은 가르치지 않는다(21)고 했습니다.

(2) 이방인들에게 모독을 당하게 함

하나님의 이름이 유대인들로 인해서 이방인들에게 모독을 당하게 하고 있었습니다(23).

(3) 표면적인 형식주의자들

따라서 이들은 표면적인 형식 주의자들이었습니다.

3. 하나님이 기뻐하시는 사람(29)

다윗과 같은 사람입니다. 다윗은 형식주의, 의식주의를 싫어했습니다. 그러나 유대인들은 변질되었습니다. 말씀의 본질보다 형식적 신앙에 치중하였고, 하나님께 영광을 돌리기보다는 자신들이 남들에게 높임을 받기를 좋아하였습니다.

4. 참 칭찬을 받는 성도

그러므로 우리는 참 칭찬을 받는 성도가 됩시다.

(1) 사람의 칭찬은 헛된 것임

먼저 사람의 칭찬은 헛된 것임을 잊지 말아야 합니다.

잠언 27:2절에 "타인으로 너를 칭찬하게 하고 네 입으로는 말며 외인으로 너를 칭찬하게 하고 네 입술로는 말지니라"고 했습니다. 그런데 문제는 우리는 자기의 입술로 자신을 칭찬하며 선전하기를 좋아합니다.

(2) 하나님의 칭찬은 참된 것이므로 받으려고 해야 함

그러면 하나님의 칭찬은 어떻게 받을 수 있습니까?

첫째 여호와를 경외할 때(잠31:30-31)

둘째 성령과 지혜가 충만할 때(행6:3)

셋째 경건하게 살 때(빌4:8) 하나님께 칭찬을 받을 수 있습니다.

율법 아래 있는 인간

(롬3:18-20)

1. 율법아래 있는 자는 하나님을 두려워함

율법아래 있는 인간은 먼저 "하나님을 두려워함이 없느니라".

즉 불 경건(본문 18절, 시36:1절)하다고 했습니다.

이들은 인간의 의만 내세우고, 하나님의 의와는 전혀 관계가 없습니다. 그러나 인간의 의란 마치 거지의 옷과 같아서 빨아 입지 못하기 때문에 땀 냄새, 음식냄새 등 온갖 여러 가지 냄새가 납니다.

2. 율법은 인간을 하나님의 심판 아래 있게 함(19절)

19절에 보면 율법 아래 있는 자들에게…. 끝에 가서 하나님의 심판 아래 있게 하려 함이라고 했습니다. 심판은 하나님의 주권적인 행위입니다. 따라서 인간의 의나 선을 가지고, 아무도 하나님의 심판을 피할 수가 없습니다. 또 그것에 대해서 시비할 수도 없습니다. 그런데 하나님의 심판은 모두 우리가 행한 행위대로 받습니다. 심지어 율법을 지킨 사람이라도 하나님의 심판을 피할 수 없습니다. 왜냐하면 인간의 노력과 의가 하나님의 표준에 이를 수 없기 때문입니다. 우리를 하나님의 심판에서 피할 수 있게 하는 것은 오직 예수님의 십자가를 통해서 이룩한 그의 의뿐입니다.

그러면 이런 율법이 무익하다는 것입니까? 도대체 그 역할이 무엇입니까?

3. 율법의 역할(20절)

20절에 율법의 역할을 말씀하고 있습니다. 율법은 크게 세 가지의 역할이 있습니다.

(1) 몽학선생의 역할

몽학선생이란 말은 구약시대에 종들 중에 주인의 인정을 가장 많이 받는 청지기 중에서 정하는데 주인의 아들이 성인이 되기까지 서당에 다닐 때에 안내하고, 가고 오는 중에, 혹은 집에서 그 아들을 보호하는 일을 합니다. 갈 3:24절에 "율법이 우리를 그리스도에게로 인도하는 몽학선생이 되어"라고 했습니다.

(2) 죄를 깨닫게 함

본문 롬 3:20절에 "율법으로는 죄를 깨달음이니라"고 했습니다. 하나님께서는 율법을 주셔서 객관적으로 옳고 그름을 판단하게 하였습니다. 그러므로 나는 죄인인 것을 깨닫게 합니다.

(3) 하나님의 뜻을 알게 함

끝으로 율법은 하나님의 뜻을 알게 합니다.

롬 7:7절에 "그런즉 우리가 무슨 말하리요 율법이 죄냐? 그럴 수 없느니라. 율법으로 말미암지 않고는 내가 죄를 알지 못하였으니." 이처럼 율법으로 하나님이 싫어하는 죄의 정체를 깨닫게 되고, 하나님이 기뻐하시는 것이 무엇인지 깨닫게 됩니다. 시 119:105절에 "주의 말씀은 내 발에 등이요 내 길에 빛이니이다"라고 하였습니다.

은혜를 베푸시니라

(출1:15-22)

1. 바로 왕의 멸종정책

각 나라마다 이민정책이란 것이 있습니다. 미국의 경우는 청교도와 같은 이민들이 중심이 되어 건국된 나라이기 때문에 가장 개방적인 이민정책을 펴고 있습니다. 성경에 보면 가장 잔인한 경우는 앗수르 사람들의 이민정책이었고, 비교적 온건한 정책을 편 것은 바벨론이었고, 페르시아는 아주 온건한 정책을 폈습니다. 바로는 처음에는 개방정책을 폈으나 요셉을 알지 못하는 힉소스 때에는 강압적으로 바뀌었습니다.

그 이유가 무엇일까요?

(1) 요셉의 공헌을 바로가 알지 못함

요셉이 애굽을 위해 공헌한 바를 힉소스 출신의 바로는 알지 못했습니다(1:8절).

(2) 바로가 유대인의 증가를 두려워함

바로는 유대인들의 증가에 대해 두려움을 느꼈습니다(9-10절).

그래서 두 가지로 해결하려고 했습니다.

첫째 유대인들에게 비돔과 라암셋을 건축하는데 강제로 동원해서 노역을 시켰습니다. 이것은 남자들로 하여금 피곤하거나 병들어 생육을 중지하도록 하려는 목적이었습니다.

둘째 히브리 계의 산파들에게 남자이면 죽이고, 여자이면 살려주라고
명했습니다. 그러나 이 정책은 효과를 거두지 못했습니다. 왜냐
하면 히브리 산파들이 협력을 하지 않았기 때문이었습니다. 그
이유는 17절에 "그러나 산파들이 하나님을 두려워하여 애굽 왕
의 명을 어기고"라고 기록하고 있습니다.

2. 하나님께서 산파들에게 베푸신 축복

(1) 산파들에게 은혜를 베푸심

20절에 보면 "하나님이 그 산파들에게 은혜를 베푸시니라"고 했습니
다. 어떤 은혜를 베푸셨나요? 21절에 보면 "산파는 하나님을 경외하였
으므로 하나님이 그들의 집을 왕성케 하신지라"고 했습니다.

왕성케 했다는 말은

첫째 물질적으로 부요케 하고

둘째 건강의 축복을 주시고

셋째 가정적으로 화목케 하시고

넷째 사회적으로 성공하는 것을 말합니다.

3. 하나님이 산파들을 축복한 이유

(1) 바로 왕보다 하나님을 더 두려워했기 때문이다

(2) 산파들이 하나님을 경외하였기 때문이다(21절).

(3) 결과적으로 하나님의 언약을 이루시는데 협력한 것이 되었기 때
문입니다.

응답하시는 하나님

(출2:23-25)

오늘의 요절은 23절입니다. "이스라엘 자손은 고역으로 인하여 탄식하며 부르짖으니 그 고역으로 인하여 부르짖는 소리가 하나님께 상달한지라." 이 말씀 속에서 우리는 중요한 교훈을 배울 수 있습니다.

1. 고역이 반드시 나쁜 것만은 아님

고난의 목적과 결과가 연단인 경우에는 오히려 유익이기 때문입니다. 모세의 미디안 광야의 40년이 그러한 경우이고, 바울이 3년 동안 아라비아에서의 고독한 기도의 시간도 같은 경우입니다.

2. 고역이 있을 때 해결방법

고역이 있을 때 가장 중요한 해결방법은 하나님께 부르짖는 것입니다. 하나님께서는 고역으로 인간의 무능함을 경험하고 깨닫게 하시고 결국은 하나님만 의지하여 하나님께 부르짖게 하시려는 의도도 있습니다. 그리고 하나님께 부르짖는 것이 가장 확실한 방법입니다.

3. 하나님께서는 반드시 응답하심

우리가 하나님께 부르짖으면 하나님께서는 반드시 응답하십니다.

마 7:7-8절에 "구하라 그러면 너희에게 주실 것이요 찾으라. 그러면 찾을 것이요 문을 두드리라, 그러면 너희에게 열릴 것이니 구하는 이마다 얻을 것이요 찾는 이가 찾을 것이요 두드리는 이에게 열릴 것이니라."

렘 33:3절에 "너는 내게 부르짖으라. 내가 네게 응답하겠고, 네가 알지 못하는 크고 비밀한 일을 네게 보이리라."

요 14:14절에 "내 이름으로 무엇이든지 내게 구하면 내가 시행하리라."

4. 하나님께서 맺은 언약

하나님께서는 그와 맺은 언약은 절대로 잊지 않으시고 폐기하지도 않으신다.

본문 24절에 "하나님이 아브라함과 이삭과 야곱에게 세운 그의 언약을 기억하사."

민 23:19절에 "하나님은 인생이 아니시니 식언치 않으시고."

5. 하나님은 우리를 사랑하고 인도하심

하나님께서는 항상 우리들에게 관심을 가지시고, 사랑하시며 인도하십니다.

그러므로 우리도 하나님께 궁극적인 관심을 가져야 합니다. 그러나 그냥 갖는 관심은 별로 의미가 없습니다. 깊은 관심이 중요합니다. 궁극적 관심을 가져야 합니다.

이김은 여호와께 있느니라

(잠21:22-31)

우리는 다 승리하기를 원합니다. 가정에서는 물론 직장과 교회와 사회에서 우리는 승리하기를 원합니다. 그러나 이 세상에는 승리하는 사람들보다는 실패하는 사람들이 더 많습니다. 무엇 때문에 승리를 원하면서도 승리를 하지 못 하는 것일까요?

이유는 승리의 근본 원인을 모르기 때문입니다. 우리는 내가 잘하면, 내가 실력이 있으면, 내가 많이 연구하고 배우면 승리할 것이라고 착각합니다. 그러나 오늘 잠언의 본문은 "이김은 여호와께 있느니라"고 했습니다.

우리 한번 따라 합시다. "이김은 여호와께 있느니라." "마음의 경영은 사람에게 있어도 말의 응답은 여호와께로서 나느니라"(잠16:1). "사람이 마음으로 자기의 길을 계획할지라도 그 것을 인도하는 자는 여호와시니라"(잠16:9). 믿습니까?

1. 이김이 여호와께로서 나는 이유

(1) 주권자는 여호와이시기 때문

모든 것의 주권자는 여호와이시기 때문입니다. 우리의 가장 큰 문제점은 내가 모든 것을 결정하고, 내가 모든 것을 이룬다고 착각하고 있는 점입니다. 그러나 우리의 생사화복은 하나님께 있고, 나라의 흥망성

쇠도 하나님께 있습니다.

(2) 판정은 하나님이 하시기 때문

이김과 실패를 판정하시는 분이 하나님이시기 때문입니다. 예수님이 십자가에 달리셨을 때에 사람의 눈으로 볼 때에는 그것은 완전한 실패였습니다. 그러나 하나님은 그것은 주님의 완전한 성공으로 보신 것입니다. 성공과 실패는 하나님이 판정하는 것입니다.

(3) 기회와 힘과 지혜를 주시는 여호와

기회를 주시는 분도 여호와시요, 힘과 지혜를 주시는 분도 여호와이시기 때문입니다. 성공에는 반드시 기회가 주어져야 합니다. 그런데 이 기회는 물론 사람이 만듭니다. 그러나 하나님께서 허락을 해야 이루어지는 것입니다. 또 일을 이루기 위해서는 하나님께서 지혜를 주시고, 힘을 주셔야 합니다.

2. 믿음으로 그리스도와 하나가 되어야

(1) 믿음으로 그리스도와 하나가 되어야 승리할 수 있습니다. 영어에 atonement란 말은 속죄란 말인데 그 단어는 하나가 된다는 말입니다. 그것은 오직 믿음으로만 됩니다. 그러므로 승리하려면 믿음이 있어야 합니다.

(2) 위로부터 주시는 비전을 가져야

위로부터 주시는 비전을 가져야 승리할 수 있습니다. 잠 29:18절에 "묵시(비전)가 없으면 백성이 방자히 행하거니와 율법을 지키는 자는 복이 있느니라"고 했습니다.

(3) 인내할 때

인내할 때 승리할 수 있습니다. 갈 6:9절에 "우리가 선을 행하되 낙심하지 말지니 피곤하지 아니하면 때가 이르며 거두리라"고 했습니다.

맺는말

사람들은 무엇을 이루기 위해서는 예비하고 준비해야 합니다.

그러나 하나님이 허락지 않으면 준비만하고 맙니다. "싸울 날을 위하여 마병을 예비하거니와", 옛날에는 전쟁에서 가장 힘 있는 것이 마병이었습니다. 그것은 첫째로 전쟁에서는 기동성이 가장 중요하기 때문입니다. 그래서 가장 빠른 마병을 예비하였습니다. 그러나 장수의 생명을 걸어 가시면 그냥 끝나고 맙니다.

벨기에에 가면 '워터루'라고 하는 나폴레옹이 마지막 싸운 장소가 지금도 잘 보관되어 있습니다. 그가 패전한 것은 기병을 잘 준비하였는데 문제는 그날 갑자기 비가 많이 와서 말발굽이 진흙 속에 빠져 움직일 수 없었기 때문이었습니다.

이김은 여호와께 있느니라는 말씀대로 하나님이 허락해야 승리하고, 이길 수 있기 때문입니다.

이김을 주시는 하나님

(고전15:50-58)

우리는 다 승리하기를 원합니다. 그러나 승리할 때보다는 실패할 때가 더 많습니다. 왜 그렇습니까? 승리의 비결을 모르기 때문입니다. 오늘은 '이김을 주시는 하나님'이란 제목으로 함께 은혜를 나누려고 합니다.

1. 참 승리의 비결

'참 승리의 비결'은 하나님께서 '함께'하시고 하나님께서 도와주셔야 할 수 있습니다.

시 127:1절의 말씀을 함께 찾아 읽겠습니다. "여호와께서 집을 세우지 아니하시면 세우는 자의 수고가 헛되며, 여호와께서 성을 지키지 아니하시면 파수꾼의 경성함이 허사로다." 결국 하나님께서 세워주셔야 하고, 하나님께서 함께하셔야 한다는 말씀입니다.

잠언에도 비슷한 말씀이 나옵니다. 잠 16:1절에 "마음의 경영은 사람에게 있어도 말의 응답은 여호와께로서 나느니라"고 했고, 9절에는 "사람의 마음으로 자기의 길을 계획할지라도 그 걸음을 인도하는 자는 여호와시니라"고 했습니다. 믿습니까?

그래서 오늘의 본문에 보면 '이김(승리)을 주시는 하나님'이라고 했습니다.

2. 그리스도로 말미암아

57절에 보면 "그리스도로 말미암아" 승리케 하신다고 했습니다. 하나님께서는 그리스도를 통해서 승리케 하신다는 것입니다. 왜냐하면, 예수님은 하나님의 아들이기 때문입니다. 그는 하나님의 손이기 때문입니다. 하나님께서는 모든 일들을 그의 아들 예수님을 통해서 성취하기를 원하십니다. 그러므로 중요한 것은 무엇을 하든지 주님을 통해서 하는 것입니다. 그러면 하나님께서는 우리로 하여금 승리케 하십니다.

3. 그리스도를 통해서 승리하기 때문

58절에 보면 "그러므로"라고 시작하고 있습니다. 다시 말해서 모든 것은 그리스도를 통해서 승리하기 때문에 결론적으로 이렇게 하라는 말씀입니다.

(1) 견고

"견고하여 흔들리지 말아야" 합니다.

(2) 힘쓰는 자

"항상 주의 일에 더욱 힘쓰는 자들이 되어야" 합니다.

(3) 세상에서 가장 보람된 것

그 다음에 보면 이유가 나옵니다. "이는 너희 수고가 주 안에서 헛되지 않은 줄을 앎이니라." 세상에서 가장 보람된 것이 바로 주님의 영광을 드러내고 그를 위해서 수고한 것이기 때문입니다.

맺는말

오늘도 그리스도로 말미암아 승리케 하시는 하나님을 바라보면서 믿음 안에서 사는 우리가 되기를 축원합니다.

이룰 때가 있음이라

(전3:16-22)

본문에서 '이룰 때'가 있다는 말씀은 우리에게 소망을 주고, 미래에 대한 꿈을 갖게 하는 말씀입니다.

1. 모든 것은 반드시 이룰 때가 있음

17절에 "모든 목적과 모든 일이 이룰 때가 있음이라"고 하였습니다. 이것은 선을 행하려고 하는 우리 모두에게 소망을 주고, 확신을 줍니다. 그것은 바로 심판입니다. 심판이라는 말은 분별하다, 구별한다는 뜻입니다. 옳고 그른 것을 분별하고, 하나님의 뜻과 사람의 뜻을 분별하는 것입니다. 선과 악을 구별하는 때가 있다는 말씀입니다. 그러므로 우리는 정의가 금방 이루어지지 않는다고, 하나님의 뜻이 이 땅에 이루어지지 않는다고 낙심할 필요가 없습니다. 왜? 성경에 이루어진다고 약속하고 있기 때문입니다.

2. 우리가 할 일

(1) 하나님의 시험에 합격해야

18절에 "하나님이 저희를 시험하시려니"라고 말씀했기 때문입니다.

(2) 깨닫게 하려 하심

18절에 "깨닫게 하려 하심이라 하였노라"고 하였습니다.

우리는 하나님의 기뻐하시고, 선하시고, 온전하신 뜻을 깨달아야 합니다.

(3) 흙으로 돌아간다는 것을 알아야

20절에 "다 흙으로 말미암았으므로 다 흙으로 돌아가나니"라고 하였습니다.

(4) 자기 일에 즐거워해야

22절에 오늘의 결론이 있습니다. "그러므로 내 소견에는 사람이 '자기 일에 즐거워하는' 것보다 나은 것이 없나니 이는 그의 분복이라"고 하였습니다. 우리가 세상에 살면서 여러 가지 상황과 형편에서 일해야 하고 삶을 살아야 합니다.

그런데 불만과 불평이 있으면 너무 불쌍하고 괴로운 인생입니다. 그러나 즐거움과 만족과 기쁨으로 한다면 짧고 힘든 세상이지만 비참해지지 않습니다. 오히려 금세에서도 복이 되고, 내세에 까지 유익하게 됩니다.

(5) 땅에서의 마지막이 끝이 아님

이 세상에서의 삶이 끝이 나면 이후에는 영생의 세계로 이전하게 됩니다. 그런데 심판의 과정을 거쳐야 합니다. 그러므로 우리는 금생의 삶을 살 때에 항상 심판의 때, 즉 모든 것을 이룰 때를 생각하면서 살아야 합니다. 그것이 지혜입니다.

이르기 전

(전12:1-8)

오늘의 요절은 12:1절입니다.

사람들은 대개 문제가 생겼을 때 허둥지둥합니다. 그런 사람은 절대로 성공하지 못합니다. 그러나 성공하는 사람들의 공통점을 보면 항상 미리 준비하는 것을 볼 수 있습니다. 그래서 본문에서는 이르기 전에라는 말씀을 여러 번 반복해서 나옵니다.

1. 곤고한 노년의 때가 오기 전에

곤고한 노년의 때가 오기 전에 먼저 창조자 하나님을 기억하라고 했습니다. 많은 사람들이 젊어서는 쾌락을 누리며 자기 마음대로 살다가 죽기 전에 예수 믿으면 된다고 생각합니다.

물론 죽기 전에라도 믿으면 감사한 일입니다. 그러나 더 좋은 것은 청년의 때에 몸에 혈기가 있고, 일할 수 있을 때에 하나님을 믿고, 그에게 순종하면서 사는 것이 더 좋습니다. 왜냐하면 참 행복은 하나님을 믿는 데 있기 때문입니다. 젊은 날의 그 귀한 시간을 허비하지 않기 위해서입니다.

(1) 청년 때에 하나님을 섬기고 살아야

사람은 왜 청년의 때에 하나님을 섬기고 살아야 하나요?

그것은 해와 달과 별들이 어두워지는 때가 오기 때문이라고 했습니다. 늙어지면 모든 것이 다 어두워집니다. 죽게 되면 완전히 어두워집니다. 먹구름이 비를 몰고 올 때 어두워지듯 사람도 늙으면 어두워지기 때문에 그 이전에 하나님을 믿으라는 것입니다.

이 세상은 항상 해가 빛나는 낮만 있는 것이 아닙니다. 비가 오는 날도 오고, 캄캄한 밤도 옵니다. 밤에라도 별이 빛나면 작은 위로라도 되지만 구름이 비를 몰고 올 때는 아무 빛도 보이지 않습니다. 그러므로 우리가 청년 때, 건강할 때, 움직일 수 있을 때 하나님을 믿어야 복이 됩니다.

2. 곤고한 날이 이르기 전에

"곤고한 날이 이르기 전"에 하나님을 기억하라고 했습니다.

언제가 곤고한 날입니까? 가난할 때, 병들었을 때, 친구들이 없을 때, 가족 중에 사랑하는 이가 죽었을 때, 직장을 잃었을 때, 늙어서 누워 있을 때가 바로 곤고한 날입니다. 그 때에는 후회해도 소용이 없습니다.

우리는 평소에 저축을 합니다. 돈이 남아서 하는 것이 아니라 긴급히 돈을 써야 할 때가 갑자기 오기 때문에 그때에 쓰기 위해서입니다. 종종 돈을 갑자기 써야 할 때가 있습니다. 병원에 입원했을 때라든지 자녀들이 등록금을 내야 할 때라든지 이런 긴급한 때는 항상 갑자기 옵니다. 그때를 위해서 평소에 쓸 것을 안 쓰고 저축하는 것입니다. 저축은 습관이지 돈이 남아서 하는 것은 아닙니다.

마찬가지로 인생에서 순풍은 항상 있는 것이 아닙니다. 역풍과 같은 곤고함이 이를 때가 갑자기 옵니다. 그때를 위해서 신앙의 저축을 하라는 것입니다. 저는 임종에 임박해서 하나님 믿으려고 몸부림치는 사람들을 많이 보았습니다. 그러나 믿음이란 자기 마음대로 되는 것이 아닙니다. 그러므로 의식이 있을 때, 젊었을 때에 믿어야 합니다. 그때에 하나님을 기억해야 합니다.

3. 아무 낙이 없다고 할 해가 가깝기 전에

12:1절 마지막에 보면 "나는 아무 낙이 없다고 할 해가 가깝기 전에 너의 창조자를 기억하라"고 했습니다.

인간의 낙은 육체적 즐거움에서도 오지만 영적 기쁨을 누릴 때에 더 많이 옵니다. 문제는 영적 기쁨과 즐거움은 갑자기 생기는 것이 아닙니다. 마치 아기가 생겨도 10달의 시간이 차야 아기를 낳을 수 있는 것처럼 영적 기쁨이나 신앙생활도 시간이 요구됩니다. 그러므로 건강한 때에, 또 하나님께 우리들에게 기회를 주셨을 때에 누려야 합니다. 그러기 위해서는 낙이 사라진 뒤에 하려고 하지 말고, 믿지 않는 사람들은 기회가 왔을 때에 빨리 믿도록 하고, 믿는 사람들은 믿음을 계속해야 합니다.

하나님의 은혜는 내가 생각지 않은 때에 갑자기 옵니다. 즉 하나님이 원하시는 시간에 오기 때문에 우리는 알 수가 없습니다. 그러므로 항상 준비하고 기다려야 합니다. 기회는 준비하고 기다리는 사람에게만 옵니다.

이사야의 소명

(사6:1-16)

이사야서 6장의 내용을 요약하면 정결함을 받은 후 선지자로서의 소명을 받게 되는 것입니다. 소명 이전에 정결함의 역사가 먼저 일어난다는 점입니다.

1. 거룩하신 하나님의 환상(6:1-4)

당시의 역사적인 환경을 살펴봅시다. 웃시아 왕이 주전 740년에 죽게 됩니다. 그가 병들기 전 십년까지는 유다는 영적으로 강성하였습니다. 그러나 마지막 십년간은 그의 불경건한 손자 아하스가 요담의 정권에 영향을 미치기 시작하였습니다.

이때 이사야는 실망 속에서 예루살렘의 성전에서 기도하고 있었습니다. 그때에 하나님께서는 그의 영광의 환상을 보여주신 것입니다. 여섯 날개를 가진 천사들을 통하여 경배를 받고 계셨습니다. 천사들의 찬양으로 성전이 흔들리고, 경배의 기도의 향기로 성전이 가득 찬 것을 이사야는 보았던 것입니다.

2. 회개와 정결과 성화(6:5-7)

이사야의 양심은 개인적인 연약함과 실패로 인해 무거운 짐이 되었습니다. 그래서 이사야는 자신의 무능함과 타락한 상황을 고백하는 것 외에는 아무것도 할 수 없었습니다. 그러나 하나님의 은혜가 그의 필요를 채워주었습니다. 그의 입술을 향단의 숯불로 지져주었고 이사야는 깨끗해졌습니다. 이로서 이사야는 찬양할 수 있는 입술이 되었으며 중보의 기도를 드릴 수 있게 되었고 하나님의 말씀을 선포할 수 있게 된 것입니다.

3. 소명에 대한 응답과 사명을 주심(6:8-13)

모든 신자는 이미 구원을 받았으며 따라서 봉사할 수 있습니다. 회개하는 그 순간부터 하나님을 위한 증인이 되는 것입니다. 8절에 "누가 우리를 위하여 갈꼬?" 하나님께서는 오직 원하는 자만을 사용하시고 섬기기를 원하는 자만을 사용하십니다. 본문에 보면 누가 우리를 위하여 갈꼬? 하고 물었지 이사야에게 너 복음을 전하라 하고 그냥 명하지 않았습니다.

이사야는 하나님의 메시지를 충성되게 그리고 두려움 없이 전파하는 사명을 맡게 되었습니다.

9절에는 그 결과를 언급하고 있습니다. 그것은 들어도 보아도 깨닫지 못하고 보지 못할 것이라고 하였습니다. 이 구절은 신약에 와서 예수님께서 인용하고 있습니다(막4:12).

13절은 남은 자의 사상을 잘 언급하고 있습니다. 십분의 일이 바벨론으로부터 돌아오게 될 것입니다.

8절의 말씀을 다시 묵상해 보면 "내가 누구를 보내며 누가 우리를 위하여 갈꼬?" 우리는 무엇이라고 응답해야 할까요?

하나님의 소명은 일반적인 소명인 "수고하고 무거운 짐 진 자들아 다 내게로 오라. 내가 너희를 쉬게 하리라"(마11:28)가 있고, 특별 소명인 8절의 말씀처럼 "누가 우리를 위하여 갈꼬?"하는 소명이 있습니다. 이 두 가지를 다 받아야 행복하고, 위대한 삶을 살 수 있습니다.

이상적인 여인상

(잠31:10-31)

여기서 말씀하고 있는 현숙한 여인상은 여자들에게는 자신의 role model을 남자들에게는 일생의 반려자를 택하는 기준을 말씀한 것이기 때문에 모든 사람들에게 해당합니다.

여기에 나오는 여인은 집에서 성경이나 읽으며 살림이나 하고 자녀나 키우는 그런 여인이 아닙니다. 25절에 보면 "능력과 존귀로 옷을 삼고 후일을 웃는" 여인입니다. 그러므로 이 구절에서 가장 이상적인 여인상을 찾는 것은 당연합니다.

1. 이상적인 여인상

(1) 부지런한 여인이다(13절).

늦도록 잠이나 자고, 놀러나 다니고 남편이 벌어온 돈으로 외모 단장이나 하고, 남편의 건강이나 자녀의 교육을 등한히 하는 여인들도 적지 않게 있습니다.

이상적인 여인의 근면상은 어떤 것인가요? "그는 양털과 삼을 구하여 부지런히 손으로 일하며"(13절). 18절에 "자기의 무역하는 것이 이로운 줄을 깨닫고, 밤에 등불을 끄지 아니 하고." 17절에는, "그 집안일을 보살피고 게을리 얻은 양식을 먹지 아니 하나니."

(2) 미리 계획을 잘 세우는 여인(14절).

소위 management를 할 줄 아는 여인입니다. MBA학위를 받은 것을 말하는 것이 아닙니다. 그러나 규모 있게 모든 것을 잘 경영하는 여인을 말합니다. "상고의 배와 같아서 먼 데서 양식을 가져오며."

(3) 다른 사람들을 돌보는 여인(15절).

"밤이 새기 전에 일어나서 그 집 사람에게 식물을 나눠주며 여종에게 일을 정하여 맡기며."

(4) 남편을 존경하는 여인(12절)

"그런 자는 살아 있는 동안에 그 남편에게 선을 행하고, 악을 행치 아니 하느니라."

(5) 지혜롭게 충고하는 여인(26절)

"입을 열어 지혜를 베풀며 그 혀로 인애의 법을 말하며."

(6) 여호와를 경외하는 여인(30절).

"고운 것도 거짓되고, 아름다운 것도 헛되나 오직 여호와를 경외하는 여자는 칭찬을 받을 것이라." 여자의 외모가 중요하지 않은 것은 아니나 외모의 아름다움은 세월이 지남에 따라 사라집니다. 그러므로 내적인 아름다움을 갖추어야 합니다. 그것은 세월이 지나도 변하지 않기 때문입니다.

2. 현숙한 여인을 가진 사람은?

(1) 산업이 핍절치 않음(11절)

"그런 자의 남편의 마음은 그를 믿나니 산업이 핍절치 아니하느니라."

(2) 남편을 성공시킴(23절).

"그 남편은 그 땅의 장로로 더불어 성문에 앉으며 사람의 아는 바가 되며"

(3) 남편의 사랑을 받음(29절)

"덕행 있는 여자가 많으나 그대는 여러 여자보다 뛰어난다 하느니라."

(4) 사람들에게서 칭찬을 받음(31)

"그 손의 열매가 그에게로 돌아갈 것이요 그 행한 일을 인하여 성문에서 칭찬을 받으리라."

이적을 행할지라

(출4:10-17)

모세는 위대한 인물이지만 결함도 많았습니다. 그런데도 위대한 인물이 될 수 있었던 것은 하나님께서 모세와 함께하셨고 그를 쓰셨기 때문입니다.

1. 모세의 3가지 결함

(1) 언어 장애

어떤 분들은 말더듬이라고까지 말합니다. 출 4:10절에 "나는 본래 말에 능치 못한 자라. 주께서 주의 종에게 명하신 후에도 그러하니 나는 입이 뻣뻣하고 혀가 둔한 자니이다."

(2) 폭력적 성격

출 2:11-12절에 "자기 형제를 치는 것을 본지라 좌우로 살펴 사람이 없음을 보고 그 애굽 사람을 쳐 죽여 모래에 감추니라."

(3) 부정적 사고

출 4:12절에 "이제 가라 내가 네 입과 함께 있어서 할 말을 가르치리라"고 했을 때 모세는 부정적으로 대답했습니다. "모세가 가로되 주여 보낼만한 자를 보내소서." 그래서 하나님께서는 지팡이를 통해 구체적인 확신을 갖게 하셨습니다.

2. 많은 결함에도 불구하고

그런 많은 결함에도 불구하고, 모세가 위대하게 될 수 있었던 것은 무엇 때문입니까?

(1) 하나님께서 항상 모세와 함께하셨기 때문

출 3:12절에 "내가 정녕 너와 함께 있으리라"고 하였습니다.

(2) 결함을 보충해 줄 협력자

모세의 결함을 보충해 줄 협력자들을 그에게 주셨기 때문입니다.

출 4:14절에 "레위 사람 네 형 아론이 있지 아니하뇨?"

(3) 지팡이를 주심

모세에게 이적을 행할 수 있는 지팡이를 주셨습니다.

출 4:2절에 "네 손에 있는 것이 무엇이냐? 그가 가로되 지팡이니이다."

(4) 하나님이 모세를 친구로 여김

하나님께서 모세를 친구로 여기셨기 때문입니다.

출 33:11절에 "사람이 그 친구와 이야기함같이 여호와께서는 모세와 대면하여 말씀하시며"라고 하였습니다.

3. 우리는 어떻게 살아야 하나?

(1) 임마누엘의 신앙을 가져야

임마누엘의 신앙을 가져야 합니다.

사 7:14절에 "그 이름을 임마누엘이라 하리라." 다시 말하면 항상 우리와 함께 하시는 하나님을 의미합니다.

(2) 지팡이를 활용해야

우리의 손에 주신 지팡이를 활용해야 합니다.

출 4:2절에 "네 손에 있는 것이 무엇이냐 그가 가로되 지팡이니이다."

(3) 협력자와 함께 해야

혼자서 일하지 말고, 협력자와 함께 일해야 합니다.

출 17:12절에 "아론과 훌이 하나는 이편에서 하나는 저편에서 모세의 손을 붙들어 올렸더니 그 손이 해가 지도록 내려오지 아니한지라."

(4) 주님과 함께 해야

우리의 참 친구 되신 주님과 함께 해야 합니다.

빌 4:13절에 "내게 능력주시는 자 안에서 내가 모든 것을 할 수 있느니라"고 하였습니다.

임마누엘의 하나님

(행7:34-43)

하나님은 우리와 항상 함께 계셔서 늘 보고, 듣고 인도하고 계십니다. 그뿐 아니라 하나님은 놀라운 계획을 가지고, 우리들을 인도하고 계십니다.

하나님의 인도하심은 기계적인 인도가 아닙니다. 개인 하나 하나를 하나님의 섭리 가운데서 인도하고 계십니다. 그러나 때로는 우리가 원하는 방향과 달리 우리를 인도하실 때도 있다는 것을 기억하시고 낙심하지 말아야 합니다.

1. 하나님은 어떤 분이신가?

34절에 "내 백성이 애굽에서 괴로움 받음을 내가 정녕히 보고 그 탄식하는 소리를 듣고 저희를 구원하려고 내려 왔노니 시방 내가 너를 애굽으로 보내리라"고 했습니다. 또 38절에 보면 "우리 조상들과 함께 광야에 있었고"라고 말씀하고 있습니다. 다시 말하면 하나님은 우리들의 모든 것을 보고 계시고, 듣고 계시고, 함께하시는 하나님이십니다.

2. 모든 것을 보고 들으시는 하나님

구체적으로 하나님은 무엇을 보시고, 무엇을 듣고 계신가요?

창 3:8절에 보면 아담과 하와가 하나님을 피하여 숨어 있는 것을 보셨습니다. 시 139:7-8절에는 "내가 주의 신을 떠나 어디로 가며 주의

앞에서 어디로 피하리이까? 내가 하늘에 올라갈지라도 거기 계시며 음
부에 내 자리를 펼지라도 거기 계시나이다"고 하였습니다.

그런데 왜 하나님은 아시면서도 아담에게 어디 있느냐? 하고 물었습
니까? 그것은 자기를 상실한 아담으로 하여금 자신의 모습을 발견하고
또한 스스로 자신을 찾게 하고, 원래의 모습으로 돌아오게 하려는 하나
님의 의도가 있습니다.

하나님은 우리의 모든 삶의 모습을 다 보고 계시고 삶의 모든 상태를
다 알고 계시는 전지하신 분이십니다.

(1) 항상 기도해야

기도는 하나님과의 영적인 대화로서 하나님의 놀라운 사역이 우리들
에게 일어나게 하는 열쇠입니다. 기도는 모든 것을 변화시키는 역사를
합니다. 그러므로 기도의 활력을 회복하면 우리의 삶에 놀아온 역사가
일어납니다.

(2) 하나님과 동행하는 삶을 살아야

하나님이 가장 기뻐하시는 것은 그와 동행하시는 것입니다. 우리가
큰 사업을 하지 않아도 좋습니다.

유명하지 않아도 좋습니다. 다만 하나님과 동행하면 하나님께 영광이
되고, 하나님이 가장 기뻐하십니다.

(3) 하나님의 경영철학으로 살아야

즉 모든 것을 하나님께 내어 맡겨야 합니다. 잠 16:3절에 "너의 행사
를 여호와께 맡기라 그리하면 너의 경영하는 것이 이루리라"고 했습니
다.

(4) 하나님의 뜻에 순종하는 삶을 살아야

순종은 믿음의 척도입니다. 그래서 성경에 나오는 모든 사람들은 다

믿음과 순종의 사람들이었습니다. 그러나 우리들은 예수님을 주님, 즉 주인이라고 부르면서도 그의 명령에 순종하지 않고 있습니다. 안타까운 일입니다.

하나님은 살아계실 뿐 아니라 지금도 보고, 듣고, 함께하십니다.

임마누엘의 주님이신 것입니다.

입술의 상급

(잠12:21-28)

입술을 잘못 사용할 때는 큰 화가 미치지만, 그러나 바로 사용할 때에는 큰 상급이 있습니다. "말 한 마디로 천 냥 빚을 갚는다"는 말이 그래서 생긴 것입니다. 입술의 상급을 말한 격언입니다. 오늘은 입술의 상급을 함께 살펴보려고 합니다.

1. 입술은 심령을 즐겁게 해줌

25절, "선한 말은 그것을 즐겁게 하느니라"고 했습니다. 설교를 들을 때 심령의 즐거움이 생기는 것을 많이 체험했을 것입니다. 구태여 설교가 아니라도 신앙의 선배와의 대화를 통해서 우울했던 마음이 즐거워지는 경우도 많이 있습니다. 마음의 즐거움은 엔도르핀이 나올 때 생겨집니다. 개나 고양이 같은 동물은 아무리 좋은 말을 해도 엔도르핀이 생기지도 않고, 좋아하지도 않습니다. 오직 사람만이 생깁니다. 왜냐하면 영적 동물이기 때문입니다.

성경에 보면 하나님께서 빛이 있으라 하매 빛이 있었다고 하였습니다. 그리고 하나님 보시기에 좋았다고 했습니다. 말씀의 능력을 말한 것입니다. 그런데 그 능력은 심지어 인간의 언어에도 나타납니다. 물론 하나님의 말씀처럼 그런 큰 능력이 나타나는 것은 아니지만, 그러나 그 작은 빛이 나타납니다. 연인들끼리 사랑한다는 말을 들었을 때 가슴이

뛰고, 기쁨이 오는 것은 바로 이런 연유 때문입니다.

2. 입의 열매

14절, "사람은 입의 열매로 인하여 복록에 족하며"

입의 열매로 좋은 것을 넉넉하게 얻는다고 했습니다. 무엇이 좋은 것입니까? 누가복음에 보면 성령이 가장 좋은 것이고, 또 하나님께서 은혜로 주시는 것들이 다 좋은 것입니다. 그러면 입의 열매가 무엇입니까? 히브리서 13:15절에 "이러므로 우리가 예수로 말미암아 항상 찬미의 제사를 하나님께 드리자. 이는 그 이름을 증거 하는 입술의 열매니라"고 했습니다.

따라서 기도도 입술의 열매입니다. 더 놀라운 입술의 열매는 주님을 증거하는 입술입니다. 바라기는 우리 성도들은 이런 입술의 열매로 인하여 항상 기쁨이 넘치고, 성령 안에서 사는 행복이 넘치기를 축원합니다.

3. 진실한 입술

19절, "진실한 입술은 영원히 보존되거니와"

거짓된 말에는 미움과 시기와 질투와 싸움이 있으나 진실한 말에는 위로, 사랑, 소망이 있습니다. 거짓된 입술은 하나님께서 심판하시기 때문에 역사와 함께 없어지고 맙니다.

그러나 진실한 입술은 영원히 보존된다고 했습니다. 그러므로 사랑의 말과 위로의 말, 소망의 말을 많이 남기시기를 바랍니다. 냄새나는 거짓된 입술은 그리스도의 피로 씻어 깨끗케 하고, 오직 진실된 말만 남길 수 있기를 축원합니다.

입의 말은

(전10:12-15)

입이 하는 역할 중에 가장 중요한 것은 입을 통해서 말을 한다는 것입니다. 그 말의 내용은 남을 위로하는 말, 도움을 주는 말, 주님을 증거 하는 말이 되어야 할 것을 본문은 교훈하고 있습니다.

1. 입과 말의 성격

(1) 말의 중요성을 먼저 알아야

왜 인간에게는 눈도 둘, 귀도 둘인데 입은 하나일까요? 그것은 영국의 격언처럼 많이 보고, 많이 듣고, 조금만 말하라는 것입니다.

우리 격언에 "말 한 마디로 천냥 빚을 갚는다"는 말이 있습니다.

또 "말 많은 집은 장맛도 쓰다"는 말도 있습니다.

모두가 말의 중요성을 말한 것입니다.

성경에 말은 야고보서에 보면 배의 '키'와 '불'로 비유했습니다(3:4-5).

(2) 말이 아닌 말

입으로 한 말이 다 말이 아니기 때문에, 말이 아닌 말도 있습니다.

엡 4:29절에 보면 더러운 말과 덕을 세우는 선한 말이 있다고 했습니다. 그러므로 말할 때에는 항상 말의 목적과 의미가 분명해야 합니다.

(3) 말을 삼가면 구설수가 적음

말을 삼가면 구설수가 적다는 것을 기억해야 합니다.

즉 입이 항상 화근이 된다는 말입니다. 교회 안에서도 항상 입이 문제가 됩니다. 그러므로 때때로 우리에게 마음이 상한 말을 누가 해도 그냥 모른 체하고 지나가면 의미 없는 말로 끝나고 맙니다. 그러면 다툼이나 언쟁이 없어집니다.

2. 말은 어떻게 해야 하는가?

(1) 생각부터 먼저 해야

먼저 말하기 전에 생각부터 해야 합니다.

이 말이 덕이 되는가? 나와 다른 사람들에게 유익이 있는가? 어떤 결과가 올 것인가를 생각하고 말해도 늦지 않습니다.

고전 10:33절에는 말할 때의 원리를 말씀하고 있습니다. "모든 일에 모든 사람을 기쁘게 하여 나의 유익을 구하지 아니하고 많은 사람의 유익을 구하여 저희로 구원을 얻게 하라."

저는 이 말씀을 저의 목회 철학의 하나로 삼고 있습니다.

(2) 말하기보다는 듣기를 잘해야

말은 하기보다는 듣는 시간을 더 많이 가져야 합니다.

그래서 귀가 더 많은 것입니다. 말할 때에는 다른 사람의 말하는 흐름에 따라 말하고 마치 배구를 토스하듯이 혼자서 말하지 말아야 합니다. 말을 독점하는 것은 절대로 유익이 안 됩니다.

(3) 말은 창조의 도구

말은 세상을 창조한 하나님께서 우리들에게 주신 창조의 도구이기 때문에 함부로 사용하지 말아야 합니다.

사랑을 만드는 도구로, 서로 협력하는 도구로, 위로가 되고, 구원을 이루는 도구로 삼아야 합니다. 절대로 파괴적인 일을 하지 않도록 항상 입에 재갈을 먹여야 합니다. 왜냐하면 이 세상에는 아무도 혀를 길들일 수 있는 능력을 가진 사람이 없기 때문입니다.

　전도서 3장에는 28가지의 때가 있다고 하면서 "잠잠할 때가 있고, 말할 때가 있으며"라고 말의 때를 강조하고 있습니다. 우리는 항상 말의 때를 잘 분별하여 하나님의 영광을 나타내어야 되겠습니다.

자신을 깨끗케 하자

(고후7:1-4)

지금 이 세상은 모든 것이 더러워지고 있습니다. 심령들이 더러워졌고, 가정이 더러워지고 있고, 심지어 교회들까지 더러워지고 있습니다. 그러나 성경은 먼저 우리 자신을 깨끗하게 하라고 말씀하십니다.

1. 자신을 깨끗케 하는 이유

(1) 하나님과 약속한 자이기 때문

우리는 하나님에게서 약속을 가진 자이기 때문입니다. 우리는 천국의 약속과 축복의 약속을 받은 자들입니다. 그렇다면 우리 자신의 부끄러움이 없는 자가 되기 위해서는 먼저 자신을 깨끗하게 해야 합니다.

(2) 하나님이 죄와 불법을 징계하기 대문

"우리가 하나님을 두려워하는 가운데 있기 때문입니다. 하나님은 죄와 불법을 반드시 징계하십니다. 그러므로 우리는 더러워진 것을 두려워해야 합니다. 죄를 두려워해야 합니다.

(3) 거룩함을 온전히 이루기 위해

"거룩함을 온전히 이루"기 위해서입니다. 우리는 다 하나님께 속한 자들이기 때문에 거룩해야 합니다. 내가 거룩하니 너희도 거룩할지니라고 했기 때문입니다.

(4) 육과 영을 깨끗케 하기 위해

"육과 영의 온갖 더러운 것에서 자신을 깨끗케 하기위해서입니다. 우리를 더럽게 만드는 것은 육적인 것과 영적인 것 두 가지입니다. 그것을 다 깨끗하게 해야 합니다.

2. 자신을 깨끗케 할 방법

어떻게 우리 자신을 깨끗케 할 수 있습니까?

(1) 만남을 바로 해야

만남을 바로 해야 합니다. "마음으로 우리를 영접하라". 바울을 영접한 교회들은 다 복음을 듣고 말씀을 듣고 축복을 받았습니다. 다시 말하면 누구와 만나느냐에 따라 인생이 변하고, 미래가 변하고, 신분이 변합니다.

(2) 불의를 하지 않아야

"아무에게도 불의를 하지 않고". 불의를 행하면 자신이 더러워집니다. 불의란 하나님께서 하지 말라고 한 것을 하는 것입니다.

(3) 아무에게도 해롭게 하지 않아야

"아무에게도 해롭게 하지 않고." 우리는 남을 배려하는 마음이 부족합니다. 그래서 본의 아니게 남을 해롭게 할 때가 많습니다. 그것을 조심해야 합니다.

(4) 속이고 빼앗지 말아야

"아무에게도 속여 빼앗는 일을 하지 말아야" 합니다. 성도는 정직해야 합니다. 속여서는 안 됩니다. 그래서 속이는 일을 경고하고 있습니다.

(5) 예수님의 피로만 정결함을 기억해야

그러나 가장 중요한 것은 오직 예수님의 피로만 우리가 정결함을 받는다는 사실을 기억해야 합니다. 롬 5:9절에 "그의 피를 인하여 의롭다

하심을 받았다"고 했습니다. 엡 1:7절에는 "그의 피로 말미암아 구속 곧 죄 사함을 받았으니"라고 했기 때문입니다.

3. 깨끗할 때 주시는 축복

(1) 환난 중 위로

환난 가운데서도 위로가 가득하고"(4절상)

(2) 기쁨 넘침

기쁨이 넘치는도다(4절하).

(3) 천국에서 면류관을 쓰게 됨

그리스도의 신부로서 어린양의 혼인 잔치에 참여하고, 천국에서 면류관을 쓰게 될 것이기 때문입니다.

그러므로 우리 자신을 깨끗하게 합시다. 다른 것으로는 되지 않고, 오직 예수님의 피로만 될 수 있기 때문에 십자가의 피로 정결케 되기를 축원합니다.

자신을 조절할 줄 아는 사람이 되라

(잠25:16-28)

자동차를 보면 세 개의 중요한 부분이 있습니다. 하나는 자동차를 가게 하는 액셀러레이터(가속 패달)와 다른 하나는 방향을 조정하는 핸들과 서게 하는 브레이크(제동기)입니다. 인생에도 이 세 가지는 항상 조심해야 합니다. 바로 가고, 바로 서고, 바로 방향을 조절하는 것이 바로 성공의 길이기 때문입니다.

1. 한계를 알아야

무엇보다도 먼저 '한계를 알아야' 합니다.

16절에 보면 즐거움에도 한도가 있습니다. 먹고 마시는 것이 즐겁지만, 그러나 거기에는 한계가 있습니다. 잠자고 쉬는 것도 한계가 있어야 합니다. 17절에 보면 남의 집에도 함부로 돌아다니지 말라는 것입니다. 방문에도 한계가 있어야 한다는 것입니다.

2. 자신을 조절해야

18절에는 구체적으로 말씀하고 있습니다. 거짓말로 이웃에게 불리한 증언을 하지 말라는 것입니다. 왜 이런 거짓말을 할까요? 자신의 유익을 위해서 이해관계 때문에 그러는 것입니다. 그러므로 혀를 조절할 줄 알아야 합니다. 다음은 19절에 진실치 못한 사람을 믿지 말라고 하였습니다. 또 20절에서는 마음이 상한 사람 앞에서 즐거운 노래를 부르지 말라는 것입니다. 제가 지금은 작은 교회를 담임하기 때문에 그런 경우가 거의 없지만 대교회에서 목회를 할 때에는 하루에 결혼식 주례와 장례식 주례를 번갈아 가면서 할 때가 종종 있었습니다.

그런 때 자신의 감정을 분위기에 맞추는 것이 쉽지 않았습니다. 그래서 옷과 넥타이를 여러 개씩 자동차에 넣고 다닙니다. 그래도 실수할 때가 있습니다.

3. 미움을 극복해야

'미움을 극복'할 수 있어야 합니다(21절).

21절에서 "네 원수가 배고파하거든 식물을 먹이고, 목말라하거든 물을 마시우라"고 했습니다. 미움을 극복할 수 있어야 한다는 뜻입니다. 왜냐하면 이것은 두 가지의 결과를 가져오기 때문이라고 했습니다.

첫째는 상대방에게 "핀 숯으로 그의 머리에 놓는 것"이라고 했습니다. 상대방에게 부끄러움을 느끼게 하고, 낯을 뜨겁게 한다는 말입니다.

둘째는 하나님께서 상을 주신다고 했습니다.

4. 헐뜯는 혀를 버려야

'헐뜯는 혀'를 버려야 한다고 했습니다(23절).

"참소하는 혀는 사람의 얼굴에 분을 일으키느니라" 24절에 그 예를 들고 있습니다. 화려하고 호화로운 집에서 다투기를 좋아하는 여자와 함께 사는 것보다 그냥 혼자서 사는 것이 더 좋다는 것입니다. 인간의 혀는 아무도 말하는 것에 따라 세금을 내지 않으니까 제멋대로 지껄이는 경우가 많습니다. 그러나 그것은 결코 성공을 가져오지 못합니다.

5. 명예 구하는 어리석음을 피해야

명예를 구하는 어리석음을 지적했습니다(27절).

"자기의 영예를 구하는 것이 헛되니라." 사실 사람들이 자기의 마음을 조절하지 못하는 이유의 하나는 명예욕 때문입니다. 그러나 명예란 다 헛된 것입니다. 한국에서는 최고의 명예가 대통령이 되는 것인데 대통령의 나중이 어떻습니까? 제 명에 죽지 못하고, 살아 있어도 연금된 생활입니다. 그러므로 명예심을 극복하여야 합니다. 하늘의 구름 같은 명예를 가지려고 해도 세월이 지나면 사라지고 맙니다.

6. 기분을 제어해야

끝으로 자신의 '기분을 제어'해야 합니다(28절).

"자기의 마음을 제어하지 아니하는 자는 성읍이 무너지고, 성벽이 없는 것 같으니라." 여기서 마음이란 '기분'을 말합니다. 사람은 누구나 기분에 좌우되기 쉽습니다. 그러나 기분은 항상 변하는 것이고, 표준이 없습니다. 그러므로 기분을 표준으로 삼지 않기를 바랍니다.

오늘 우리는 자신을 조절하는 것이 성공의 비결임을 배웠습니다. 자동차는 아무리 가속 페달이 좋아서 잘 달려도 핸들을 잘못 돌리거나 붉은 신호에 서지 못하면 결국 생명을 잃고 맙니다. 그러므로 자신을 제어하고 조절하여 성공하는 삶을 살 수 있기를 축원합니다.

작은 실수

(출4:18-26)

본문에는 작은 실수가 큰 결과를 가져 오게 되는 일을 말하고 있습니다. 그것은 모세가 아들에게 할례를 하지 않았기 때문에 발생한 일이었습니다.

1. 당시 모세가 처한 상황

모세는 하나님의 부르심에 순종하여 애굽으로 들어갔습니다. 그러나 문제는 모세가 비록 백성들의 지도자로 세움을 받았지만 자기 자식들은 언약의 백성의 표식인 할례를 받지 못했다는 점입니다(24-26). 이것을 십보라가 빨리 눈치를 채었습니다. 그래서 4:25절에 보니까 십보라가 그 아들의 양피를 베어 모세의 발 앞에 던짐으로 진정한 백성의 지도자로 나서게 되었습니다.

2. 작은 것의 중요성

교회에서 문제가 되는 것을 보면 대부분의 경우 작은 데서 시작합니다. 그것은 마치 빙산과도 같습니다. 겉으로 나온 부분의 7배 정도가 바다 속에 있기 때문에 미처 보지 못하고 충돌해서 가라앉는 경우가 있습니다. 인생도 마찬가지입니다. 욥 8:7절에 보면 "네 시작은 미약하였으나 네 나중은 심히 창대하리라"고 했습니다. 모든 것의 시작은 미약합니다. 그러나 그 결과는 창대하고 큽니다. 물방울이 모여서 개울을 만들고, 개울들이 모여서 강을 이루고, 강들이 모여서 바다를 이룹니다. 그래서 작은 일이 중요합니다. 그러므로 우리는 작은 것이라고 함부로 취급해서는 안 됩니다.

우리는 작은 일, 작은 것에서부터 조심하고 충성되어야 합니다. 왜냐하면 작은 일이 큰 결과를 가져오고 큰일도 작은 것에서부터 시작되기 때문입니다.

3. 작은 실수를 방지하는 비결

모세에게 십보라 라고 하는 지혜로운 아내가 있었습니다. 남자들은 대부분 작은 일에 대한 감각이 부족합니다. 그래서 작은 일을 무시합니다. 그러나 여자가 옆에서 그 작은 일들을 잘 돌보아 주어야 남자가 성공할 수 있습니다.

그러면 왜 하나님께서는 모세를 죽이시려고 하였을까요?

그것은 할례란 두 가지 의미가 있습니다.

첫째 하나님의 백성이 된다는 의식입니다. 그래서 세상 사람들과 다른 구별된 사람이 되는 것입니다.

둘째 성결을 의미합니다. 따라서 하나님께서는 모세를 입법자로 세우기 전에 먼저 그와 그의 가족들이 성결해져야 하고, 구별되어져야 할 것을 원하였던 것입니다. 그래서 그에게 봉사하는 종들이나 성도들도 거룩해야 합니다.

그러면 할례가 오늘에 주는 의미는 무엇입니까?

그것은 바로 세례입니다. 물론 세례를 받는다고 자동적으로 거룩해지는 것은 아닙니다. 그러나 분명한 것은 이제부터는 마음대로 살지 않고, 주님의 뜻에 따라 순종하며 살겠다는 결심입니다.

잘 되려면

(전8:9-15)

오늘의 요절 말씀은 12절입니다. "하나님을 경외하여 그 앞에서 경외하는 자가 잘될 것이요." 성경의 이치는 아주 간단합니다. 잘되려면 하나님을 경외하라는 것입니다.

1. 하나님을 경외하지 않는 자의 특징

(1) 남에게 고통을 주고 괴롭힘

9절에 "사람이 사람을 주장하여 해롭게 하는 때가 있으며".

권력을 쥔 사람은 다른 사람들에게 고통을 주는 때가 있다는 것입니다. 다시 말해서 하나님을 경외하지 않는 자는 남에게 고통을 주고 괴롭힌다는 것입니다.

(2) 악인은 잘 되지 못함

13절에 "악인은 잘 되지 못하며."

외적으로 불법을 하면 형통하는 것 같지만 마지막에는 잘되지 못한다는 것입니다. 악인은 세 가지 심판을 받습니다.

첫째 세상의 법에 의한 심판이 있습니다.

둘째 혹 그것을 벗어난다 해도 양심의 심판을 면할 수 없습니다.

셋째 하나님의 심판이 있습니다.

그러므로 악인은 잘 되지 못합니다.

(3) 장수하지 못함

하나님을 경외하지 않는 자는 "장수하지 못하고" 이런 사람은 "그 날이 그림자와 같으니라"고 했습니다. 그림자는 어두워 밤이 되면 없어지고, 낮이라 해도 구름이 끼면 그림자는 없어지고, 있는 것 같으나 오래가지 못하는 것이 그림자의 실체입니다.

2. 하나님을 경외하는 자에게 주시는 축복

하나님을 경외하는 자에게 주시는 축복은?

(1) 형통의 복이 있음

12절에 "그 앞에서 경외하는 자가 '잘 될 것이요'.

하나님을 경외하면 모든 일에 형통하는 복이 있을 것이라고 했습니다.

(2) 즐거운 일이 항상 함께 함

16절에 "항상 함께 있을 것이라"고 했는데 무엇이 항상 함께 있다는 말입니까?

그 앞에 보면 먹고 마시고, 즐거워하는 것을 말씀하고 있습니다. 인생의 행복은 큰 데 있는 것이 아닙니다. 아주 사소한 것, 먹고 마시고, 즐거워하는데 있습니다. 그런데 중요한 것은 이런 것은 하나님을 경외하는 믿음을 가질 때 오는 것입니다. 경외하는 마음이 없으면 그런 행복과 기쁨이 와도 그것을 깨닫지 못하고 누리지 못합니다.

3. 경외함

우리는 어떻게 하나님을 경외하나요?

(1) 두려워함

하나님을 두려워하는 것입니다.

하나님을 두려워하면 세상에 무서운 것이 없습니다. 반대로 하나님을 두려워하지 않으면 세상에 모든 것이 다 두려운 것입니다.

(2) 사랑함

하나님을 사랑하는 것입니다.

우리가 부모님을 두려워하지만 또 한편 사랑합니다. 독재자 같은 왕은 두려워만 할 뿐 사랑하지 않습니다. 그러나 하나님께 대한 두려움은 사랑이 함께하는 것입니다

(3) 믿음

하나님을 믿는 것입니다.

하나님을 경외한다는 말의 가장 간단한 표현은 하나님을 믿는다는 것입니다. 믿는다는 말은 꼭 붙잡는다, 모든 것을 내어 맡긴다, 헌신한다는 뜻입니다.

(4) 소망

하나님께 모든 소망을 두는 것입니다.

우리의 참 소망은 하나님과 주님께만 있습니다. 세상의 모든 것은 잠간 있다가 없어지는 것일 뿐입니다.

(5) 동행

하나님과 동행하는 것입니다.

구약에 나오는 에녹이 위대한 신앙적 영웅에 속하는 이유는 그가 하나님과 동행하였기 때문입니다.

잘못된 무리에 가까이하지 말자

(잠30:12-17)

세상에는 좋은 무리가 있는가 하면 잘못된 무리도 있습니다. 문제는 어떤 무리든 속하면 거기서 벗어날 수 없습니다. 그러므로 우리는 좋은 무리에 속해야 합니다. 왜냐하면 어디에 소속되었냐는 대단히 중요하기 때문입니다.

1. 불효하는 무리(11절).

본래 우리나라는 부모를 공경하는 미풍양속이 있었습니다. 그러나 새로운 풍조가 들어오면서 부모에게 효도하지 않는 사람들이 많이 생겼습니다. 더 큰 문제는 성도들 가운데도 있다는 점입니다. 눈에 보이는 부모를 공경하지 않으면서 어떻게 눈에 보이지 않는 하나님 아버지를 섬기겠습니까? 그러므로 부모를 공경해야 합니다. 17절에 보면 무서운 말씀이 나옵니다. 불효하는 자들은 눈을 골짜기의 까마귀에게 쪼이고, 독수리 새끼에게 먹힌다는 것입니다.

그러면 왜 우리가 효도를 해야 합니까? 그것은

첫째는 하나님의 명령이요,

둘째는 장수와 축복의 비결이요,

셋째는 가정의 질서를 위해서입니다.

2. 깨끗한 체하는 무리

더러운 것을 숨기고 씻지 않으면서 깨끗한 체하는 무리가 있습니다 (12절). 다른 말로 하면 위선자들이 있는데 이런 무리에 가까이하지 말아야 합니다.

복음서를 보면 예수님께서 바리새인들을 책망한 것을 많이 볼 수 있습니다. 바리새인들이 그렇게 나쁜 사람들이었을까요? 아닙니다. 그들은 당시에 가장 경건한 사람들이었습니다. 그러나 문제는 지도자로 있는 이들이 외식에 빠져있고, 위선을 하기 때문이었습니다. 외식과 위선은 하나님의 축복을 받을 수 없을 뿐 아니라 변화될 수 없는 무서운 영적 병이기 때문입니다.

3. 남을 깔보는 무리가 있음(13절).

누가 남을 깔봅니까? 졸부들이 남을 깔봅니다. 가난했던 때가 어제인데 마치 개구리 올챙이 적 생각 못하는 격입니다. 또 학벌 좀 있다고 남을 깔보는 사람들도 있습니다. 또 권력 있는 사람들과 가깝다고 남을 깔보는 사람들도 있습니다. 그러나 우리는 다 죄인인데 주님의 십자가 공로로 사함 받은 자인 것을 기억하면서 겸손해야 합니다. 겸손은 하나님의 축복을 담는 그릇이기 때문입니다.

4. 궁핍한 사람을 삼키는 무리

긴 칼과 같이 궁핍한 사람들을 삼키는 무리가 있습니다(14절).

우리가 알아야 할 것은 궁핍한 자의 친구가 주님이시고, 하나님께서 그들을 보살피고 있기 때문에 우리는 궁핍한 자들을 항상 관심을 가지고 돌보아야 합니다.

5. 거머리 같은 무리

자족할 줄 모르고 거머리처럼 그저 달라, 달라 하는 것이 네 가지가 있다고 했습니다(15절).

① 음부(무덤)

② 아이 배지 못하는 태

③ 땅

④ 불

여기서 우리는 바울이 빌 4:11절에서 "내가 궁핍함으로 말하는 것이 아니라 어떠한 형편에든지 내가 자족하기를 배웠노라"는 말씀은 꼭 기억해야 할 말씀입니다.

맺는말

그러면 우리는 어떻게 살아야 합니까? 무엇보다도 불효하지 말아야 합니다. 다음에는 깨끗한 척하면서 위선자가 되지 말아야 합니다. 또 남을 깔보지 말고, 궁핍한 사람들을 착취하지 말아야 합니다. 자족하는 법을 배워야 합니다. 바울처럼 "어떠한 형편에든 내가 자족하기를 배웠노니"라고 했습니다.

바라기는 우리는 다 잘못된 무리에 속하지 않기를 축원합니다.

장성한 사람이 되라

(고전14:20-25)

인간은 다른 동물보다 성장하는 기간이 깁니다. 그것은 육체적으로도 그렇지만 지적으로, 더구나 영적으로 자라야 하기 때문입니다.

1. 우리가 장성한 사람이 되어야 할 이유

(1) 지혜 때문

지혜가 많아야 '성공'할 수 있기 때문입니다(고전14:20).

(2) 부족한 것이 많기 때문

아이들의 상태로는 '부족한 것이 많기' 때문입니다.

고전 13:11절에 "내가 어렸을 때에는 말하는 것이 어린 아이와 같고, 깨닫는 것이 어린아이와 같고, 생각하는 것이 어린아이와 같다가 장성한 사람이 되어서는 어린아이의 일을 버렸노라"고 했기 때문입니다. 아이들은 말하는 것, 깨닫는 것, 생각하는 것이 부족하기 때문입니다.

(3) 장성해야 '요동치 않기' 때문

엡 4:14절 "이는 우리가 이제부터 어린아이가 되지 아니하여"라고 하면서 어린아이의 문제점을 말씀하고 있습니다. 그것은 아이는 "사람의 궤술과 간사한 유혹에 빠져 모든 교훈의 풍조에 밀려 요동"하기 때문입니다.

(4) 범사에 자라야 하기 때문

엡 4:15절, "범사에 그에게까지 자랄지라"고 성경에서 명령했기 때문입니다.

2. 왜 "악에는 어린아이가 되라"고 했나?

(1) 천국의 비밀을 나타내시기 때문

어린아이에게는 천국의 비밀을 나타내시기 때문입니다(마11:25).

(2) 어린아이와 같이 되어야 하기 때면

마 18:2절에 "어린아이와 같이 되지 아니하면 결단코 천국에 들어가지 못하리라"고 했기 때문입니다.

어린아이의 좋은 점은 무엇인가?

첫째, 말씀을 들으면 그것을 액면 그대로 받아들입니다.

둘째, 상대방에 대한 편견이 없습니다.

셋째, 교만하지 않습니다(막10:15).

(3) 세상물이 들지 않았기 때문

어른들처럼 세상에 물들지 않고, 악하지 않기 때문입니다(고전14:20).

(4) 젖을 사모하기 때문

엄마의 젖을 사모하기 때문입니다(벧전2:2).

맺는말

우리는 어린아이처럼 되어야 할 것이 있고, 장성한 사람이 되어야 할 것이 있습니다. 바라기는 말하는 것, 깨닫는 것, 생각하는 것은 장성한 사람이 되고, 세상의 궤술과 유혹에는 어른처럼 되기를 축원합니다.

재물의 속성

(잠23:1-9)

인간은 재물 없이는 살 수가 없습니다. 이유는 물질인 몸이 우리에게 있기 때문입니다. 이 시간에는 재물의 속성이란 제목으로 ① 재물의 필요성 ② 재물의 목적 ③ 재물에 대한 바른 자세를 중심으로 함께 은혜를 나누려고 합니다.

1. 재물의 필요성

우리에게는 누구에게나 재물이 필요합니다. 그 이유는

(1) 에너지 필요 때문

몸은 에너지 없이는 움직이지를 못하는데 에너지는 음식과 같은 물질을 통해서 보급됩니다. 그래서 '수염이 대자라도 먹어야 산다'는 속담이 있는 것입니다.

(2) 건강유지 때문

건강을 유지하기 위해 누구에게나 재물이 필요합니다. '의·식·주'는 재물을 통해서 보급이 되고 유지되기 때문입니다.

(3) 활동하기 위해서

우리가 사회 활동을 하기 위해서는 재물이 있어야 할 수 있습니다. 직장생활에서부터 사회활동 및 교회활동 등은 다 재물이 있을 때 할 수 있기 때문입니다.

(4) 문화 창조를 위해서

인간은 단순히 사는 데만 목적이 있는 것은 아닙니다. 살아있는 동안에 문화를 창조하면서 하나님께서 맡겨주신 일들을 해야 하는데 그것을 위해서는 재물이 필요합니다.

2. 재물의 속성

(1) 돈은 허무한 것

재물은 돌고 도는 속성이 있습니다. 우리가 돈이라고 부르는 것은 그것이 돌고 도는 속성이 있기 때문입니다. 어느 누구도 그것을 붙잡아 놓을 수가 없습니다. 그래서 본문 5절에 "정녕히 재물은 날개를 내어 하늘에 나는 독수리처럼 날아가리라"고 했습니다. 그래서 5절 초두에 "네가 어찌 허무한 것에 주목하겠느냐?"고 했습니다. 돈은 허무한 것이기 때문입니다.

(2) 악한 눈을 가진 자와 교제하지 말 것

돈은 보는 눈에 따라, 즉 악한 눈이냐? 선한 눈이냐에 따라 사용되는 목적이 다릅니다. 악한 눈에 돈은 그 자체가 목적이 되기 때문에 그것을 위해서 죄를 짓고, 악행을 행합니다. 그러나 선한 눈에 돈은 단순히 일을 위한 수단일 뿐이기 때문에 악을 행하고 죄를 짓지 아니합니다. 그래서 6절에 보면 악한 눈을 가진 자와 교제하지 말 것을 말씀하고 있습니다. "악학 눈이 있는 자의 음식을 먹지 말며"라고 했습니다. 그러므로 돈을 보는 눈이 중요합니다.

(3) 두 주인을 섬기지 말 것

재물은 우리의 종이 되어야지 주인이 되면 타락하게 만드는 습성이 있습니다. 마 6:24절에 "한 사람이 두 주인을 섬기지 못할 것이니 혹 이를 미워하며 저를 사랑하거나 혹 이를 중히 여기며 저를 경히 여김이

라. 너희가 하나님과 재물을 겸하여 섬기지 못 하느니라"

3. 재물에 대한 바른 자세

(1) 정함이 없는 재물에 소망을 두지 말 것

딤전 6:17절에 "정함이 없는 재물에 소망을 두지 말고 오직 우리에게 모든 것을 후히 주사 누리게 하시는 하나님께 두며"라고 했습니다. 재물은 소망의 대상이 될 수 없다는 뜻입니다.

(2) 불의한 재물도 선한데 사용하는 지혜

눅 16:9절에는 "불의의 재물로 친구를 사귀라 그리하면 없어질 때에 저희가 영원한 처소로 너희를 영접하리라"고 했습니다. 모든 재물이 다 불의하다는 뜻은 아닙니다. 불의한 재물이라도 선한데 사용하는 지혜를 배우라는 것입니다.

(3) 재물을 쌓아두는 것만은 무의미

12:21절에 "자기를 위하여 재물을 쌓아두고, 하나님께 대하여 부요치 못한 자가 이와 같으니라" 재물은 선한 일을 하고, 하나님의 영광을 드러낼 때에 의미가 있고 가치가 있는 것이지 쌓아두는 것만으로는 무의미한 것입니다.

맺는말

우리는 재물의 속성을 바로 알아서 바로 사용하지 않으면 돈의 종이 될 수밖에 없습니다. 딤전 6:10절에 "돈을 사랑함이 일만 악의 뿌리가 되나니 이것을 사모하는 자들이 근심으로써 자기를 찔렀도다"고 경고한 것입니다. 바라기는 재물을 통해서 하나님의 영광을 드러내고, 행복한 삶이되기를 축원합니다.

재앙을 받지 않으려면

(전9:11-12)

1. 재앙의 성격

(1) 재난은 죄의 결과

11절에 보면 불행한 때와 재난은 "모든 자에게 임함이라"고 했습니다.

어떤 이들은 재난은 죄의 결과라고 합니다. 물론 세상의 모든 재난은 아담과 하와의 원죄에서 비롯된 것이 사실입니다. 또 소위 선진국들의 지나친 개발에서 비롯된 결과입니다. 그러나 재난이 죄의 결과라는 이 말은 자칫하면 무슨 특별한 죄가 있었기 때문이라고 생각하기 쉽기 때문에 단순하게 죄의 결과라는 말은 잘못된 표현입니다. 정확하게 말하면 인류의 범죄의 결과로 인해서 모든 사람들에게 임하는 것입니다.

(2) 재난은 시기를 알지 못함

재난의 두 번째 특징은 '시기를 알지 못하나니'라고 했습니다.

재난은 12절의 말씀처럼 '홀연히'임합니다. 그러므로 미리 준비하지 않으면 아무도 막을 수가 없습니다.

2. 어떻게 재난을 당하지 않을 수 있는가?

(1) 재앙은 근본적인 죄의 결과

먼저 재난이란 것이 근원적으로는 인간의 범죄에서 비롯되었다는 것을 깨달아야 합니다.

모세가 출애굽하려고 할 때 바로 왕은 열 가지의 재앙이 임한 후에야 무릎을 꿇었습니다. 결국 인본주의적인 생각이 그를 무지하게 만든 것입니다. 민수기 11:33절을 보면 이스라엘 백성들이 하나님께서 주시는 '만나'로 만족하지 못하고 원망하고 불평하였을 때에 하나님께서 진노하셔서 메추라기를 통해 큰 재앙으로 치셨다고 했습니다. 결국 재앙은 근본적으로 죄의 결과입니다.

(2) 재난을 막으려면

재난을 막으려면 우리에게 가장 중요한 것이 위로부터 주시는 하나님의 지혜라는 것을 깨달아야 합니다.

빠른 경주자라고 재난을 막지 못합니다. 유력자라도 재난을 막지 못합니다. 세상의 지혜가 있다고 해도 재난을 막지 못합니다. 명철이나 기능이 있다고 해도 재난을 막지 못합니다.

솔로몬은 재난의 성격을 두 가지의 예를 들어 설명하고 있습니다. 하나는 물고기들이 그물에 걸림과 같다, 다른 하나는 새가 올무에 걸림과 같다고 했습니다.

(3) 재앙을 막는 근본적인 방법

출애굽기 12장에 보면 재앙을 막는 근본적인 방법을 말씀하고 있습니다.

7절에 보면 양을 잡고 집 문 좌우설주와 인방에 바르라고 했습니다. 그러면 그 재앙이 넘어가리라는 것입니다. 출 12:13절에 "내가 피를 볼 때에 너희를 넘어가리니 재앙이 너희에게 내려 멸하지 아니하리라"고 했습니다. 다시 말하면 그리스도의 십자가만이 인류에게 임할 큰 재난에서 구원할 수가 있습니다.

(4) 하나님만 의지하고 순종하면 재앙을 막음

삼하 22:19절에 "저희가 나의 재앙의 날에 네게 이르렀으나 여호와께서 나의 의지가 되셨도다"라고 했습니다.

다시 말하면 하나님만이 우리의 참 의지가 된다는 말씀입니다. 따라서 재앙이 임할 때에 우리가 피할 수 있는 것은 하나님의 날개 아래 피해야 합니다. 하나님만을 의지하고 순종해야 재앙을 피할 수 있습니다.

적절한 시기를 맞추어야

(잠27:11-22)

오늘의 요절은 14절입니다. "이른 아침에 큰 소리로 그 이웃을 축복하면 도리어 저주같이 여기게 되리라." 남을 축복하는 것이 얼마나 좋은 일입니까? 그러나 이른 아침에 큰 소리로 그 이웃을 축복하면 상대방은 저주로 오해한다는 것입니다. 다시 말하면 적절치 못한 축복은 오히려 저주가 된다는 말씀입니다.

오늘은 적절한 시기를 맞추어야 라는 제목으로 함께 은혜를 나누면서 기도하는 시간이 되기를 바랍니다.

1. 왜 적절한 시기를 맞추어야 하는가?

(1) 승패가 시기에 있기 때문

(예화) 나폴레옹의 워털루 전쟁. 기병으로 준비했으나 비가 많이 와서 패전하고 말았다.

(2) 매사는 때와 시기가 있기 때문

모든 일에는 때와 시기가 있기 때문입니다.

우리말에 '철이 들다' '철이 나다'란 말은 농사짓는데 시기를 알아야 한다는 데서 유래하였습니다.

(3) 시기를 알아야 하기 때문

영적 생활을 위해서는 반드시 시기를 알아야 하기 때문입니다.

롬 13:11절에 보면 "또한 너희가 이 시기를 알거니와 자다가 깰 때가 벌써 되었으니"라고 했습니다. 영적인 전쟁을 하고 있는 사람들에게 가장 중요한 것이 타이밍입니다.

(4) 시기에 따라 효과가 나타나기 때문

건강에도 잃기 전에 힘쓰는 것과 잃은 후에 힘쓰는 것은 전혀 다릅니다. 투자도 타이밍을 맞추어야 합니다. 인간관계도 때와 시기를 맞추어야 합니다.

2. 어떻게 시기를 알 수 있는가?

(1) 먼저 사명감이 있어야 함

왜냐하면 사명감이 있어야 인생의 시기를 알 수 있기 때문입니다. 나는 하나님께서 창조하셨고, 그의 뜻에 따라 살고 있는 것입니다. 그러므로 나는 사명자란 것을 확신해야 합니다.

(2) '새벽형 인간'이 되어야 함

새벽형 인간은 새벽에 일찍 일어나 남보다 먼저 하루를 시작합니다. 새벽형 인간은 먼저 기도의 제단을 쌓는 데서 시작합니다. 새벽형 인간은 남과 같이 하지 않고, 뭔가 다르게 삽니다. 마치 광야 이스라엘이 새벽에 일찍 일어나 하늘로부터 내리는 만나를 걷듯이 새벽형 인간이 되어야 그 날의 시기를 알 수 있습니다.

(3) 인간의 때와 하나님의 때

인간적인 때보다 하나님의 때에 따라 삽니다.

하나님의 때의 중심은 항상 주님이십니다. 무엇을 결정할 때마다 항상 주님이 나와 같은 입장에 있다면 어떻게 할까 생각하고 결정합니다.

(4) 순간마다 마지막이라고 생각하고

날마다, 순간마다 마지막이라고 생각하고 하나님 앞에서의 종말론적인 삶을 삽니다.

　시간을 아는 사람의 삶입니다. 그러나 어리석은 사람은 영원히 살 것
처럼 착각하며 사는 것입니다.

절제할 줄 아는 자유

(고전8:7-13)

1. 우상의 제물에 대한 바울의 견해

(1) 마음이 약해지고 더러워짐

양심이 약하여지고 더러워진다(7절). 우상의 제물을 먹으면 마음이 꺼림칙하고 우상숭배자들과 가까워져서 결국 그들처럼 도덕적으로 더러운 생활을 하게 됩니다.

(2) 음식은 음식일 뿐

음식이 우리를 하나님 앞에 가까이 나가도록 세우지 못한다(8절). 먹지 않는다고 손해될 것도 없고 먹는다고 해서 이로울 것도 없다고 했습니다. 사실 음식은 음식일 뿐입니다.

(3) 약한 양심을 상하게 함

약한 양심을 상하게 한다(12절). 그것은 하나님께 죄를 짓는 것입니다. 왜냐하면 형제 사랑이 없는 행위이기 때문입니다.

(4) 제물은 형제를 실족케 함

우상의 제물을 먹는 것이 믿음이 약한 형제로 실족케 한다(13절). 바울 자신은 고기를 먹을 수 있는 믿음이 있었습니다. 그로 인해서 양심이 약하여지는 것도 아닙니다. 그러나 믿음이 약한 형제들에게 실족케 한다면 평생 고기를 먹지 않겠다고 했습니다. 그것이 바로 사랑입니다.

2. 자유에는 한계가 있음

자유는 두 가지가 있습니다. 하나는 무엇으로부터의 자유와 무엇을 위한 자유가 있습니다. 다시 말해서 자유에는 의무가 있고, 한계가 있다는 말입니다.

(1) 남에게 거치는 것이 되지 않도록

우리의 자유함이 다른 사람들에게 거치는 것이 되지 않도록 조심해야 합니다(9절).

돈 많다고 사치하지 않아야 합니다. 자기의 신분에 맞도록 살아야 합니다. 검소한 생활을 할수록 좋습니다. 건강에도 좋고, 덕도 되고 남들에게 보다 많은 것을 줄 수 있기 때문입니다.

(2) 형제들이 실족치 않게 하려고 고기를 먹지 않음

바울은 형제들을 실족치 않게 하려고 영원히 고기를 먹지 않겠다고 하였다. 자신의 자유를 다른 사람들의 유익을 위해서 제한하겠다는 뜻입니다. 이것이 바로 사랑입니다. 우리들도 자신의 자유를 가지고 다른 사람들의 유익을 위해서 스스로 제한할 줄 아는 성도가 되어야 하겠습니다. 부모가 자식들을 위해서 자신의 자유를 제한합니다. 아내가 남편의 성공을 위해서 자신의 자유를 절제합니다. 이것이 다 사랑입니다. 이런 사랑을 위한 자유의 절제를 할 수 있기를 축원합니다.

조기교육의 유익

(잠22:6)

　요즈음 조기유학이 유행하고 있습니다. 과연 좋은 것일까요? 좋은 점도 있고 나쁜 점도 있습니다. 그러므로 깊이 생각해야 합니다. 조기교육이란 아직 학령에 도달하지 않은 아동에게 커리큘럼에 따라 교육을 실시하는 교육을 말합니다. 물론 모든 것이 다 일찍 교육한다고 좋은 것은 아닙니다. 예를 들면 성악 같은 것은 변성기가 지난 후에 본격적으로 교육하는 것이 좋습니다. 그러나 외국어 같은 것은 조기교육을 실시하는 것이 좋다는 것은 다 알려진 사실입니다. 지금 세계에서 조기교육을 통해서 많은 천재와 노벨수상자를 길러낸 것을 볼 수 있습니다. 오늘의 본문은 조기교육의 유익성과 조기교육의 내용을 말씀하고 있습니다.

1. 세살 적 버릇이 여든까지 간다

　아이에게 가르치면 늙어서도 떠나지 아니하리라고 했습니다. 우리말에도 "세살 적 버릇이 여든까지 간다"는 말이 있습니다. 저는 고등학교 선생도 해보고, 대학교 선생도 해보고 대학원 선생도 해보았는데 가장 큰 영향은 고등학교 학생들의 교육이었습니다. 다음에는 물론 대학생들이고, 그 다음이 대학원 학생들이었습니다. 나이가 많은 교인들을 가르쳐도 효과가 거의 나타나지 않아 실망을 할 때가 많습니다.

지금 우리 교회에서는 영아부가 신설되어서 가르치는데 놀라운 것은 예배시간의 태도가 너무 좋습니다. 가끔 시끌벅적할 때가 있는데 어쩌다 나오는 아이들의 경우입니다. 매주 나오는 아이들은 너무도 착하게 예배를 잘 드립니다. 교회에 안 가면 아이들이 부모들을 조릅니다. 그러나 나오다 말다 하는 아이들의 경우는 안 나와도 그만 나와도 그만입니다. 저는 영아부의 경우를 보면서 조기교육의 영향에 대해서 확신을 가지게 되었습니다. 나무도 어려서 굽히면 잘 굽습니다. 그러나 큰 나무는 부러지지 굽지 않습니다. 인간도 마찬가지입니다.

2. 조기교육의 내용

처음에도 말했지만 조기교육이 다 좋은 것은 아닙니다. 성악 같은 것은 변성기가 지난 다음이라야 전문적인 교육을 시킬 수 있습니다. 그러나 어학교육은 조기일수록 좋습니다. 그런데 오늘 본문에 보면 '마땅히 행할 길'을 가르치라고 했습니다. 세상에는 많은 길이 있습니다. 인생은 길 가는 나그네이기 때문에 길을 잘 택하여야 합니다. 이것은 바로 양심의 교육이요, 결정을 하는 선택교육입니다. 옳고 그른 것을 가르치는 것은 참으로 중요합니다. 가정교육이 중요하다는 것은 바로 이 옳고 그른 것을 가르치는 것이 중요하기 때문입니다. 인간이란 끝없는 선택의 연속입니다. 그런데 한 번 선택하면 어떤 것은 한번으로 끝나기도 하지만 또 어떤 것은 10년이 가고, 또 어떤 것은 죽을 때까지 갑니다. 예를 들면 자동차는 10년 갑니다. 정 마음에 안 들면 손해를 보고 바꾸면 됩니다. 그러나 결혼은 바꾸면 더 큰 손해를 봅니다. 그래서 결혼의 선택은 아주 중요한 의미를 가집니다.

여기서 '마땅히 행할 길'이란 구체적으로 말해서 신앙교육을 의미합니다. 무엇을 믿어야 할지 어떻게 믿어야 할지, 믿음의 생활이란 어떤 것인지 어떤 비전을 가져야 하는지 등등은 어려서부터 가르치라는 것입니다. 저는 어려서 예수를 믿지 않았기 때문에 습관화가 덜 된 부분이 많습니다. 그래서 어려서의 신앙교육은 그 일생을 좌우합니다.

맺는말

인생은 나그네 인생이기 때문에 태어나면서부터 죽을 때까지 계속해서 어떤 길로 가야 합니다. 그 길은 종류가 많기 때문에 선택하는 법을 알아야 바로 택합니다. 그 중에서도 중요한 것은 '마땅히 행할 길'을 선택하는 법이고, 그것을 훈련해서 신앙적으로 사는 것이 필요합니다. 그러나 늙어서도 떠나지 않으리라고 했습니다. 유대인들의 쉐마 교육을 우리도 어린 자녀들에게 교육시켜서 다 성공적인 삶을 살 수 있기를 축원합니다.

조심해야 할 것 3가지

(잠27:1-10)

잠언에는 일상생활에서 필요한 것을 구체적으로 가르쳐줍니다. 그런 점에서 잠언은 실제적인 지혜를 주는 책입니다. 오늘은 일상생활에서 조심할 것 3가지를 살펴보면서 기도할 수 있기를 바랍니다.

성경에는 조심해야 할 것을 말씀한 경우가 많습니다. 막 13:9절에 보면 "너희는 스스로 조심하라"고 했고, 고전 10:12절에서는 "넘어질까 조심하라"고 했습니다. 그러면 무엇을 조심해야 할까요?

1. 자랑을 조심해야 함

사람은 누구나 자랑하는 것을 좋아합니다. 그러나 내일 일을 자랑하는 것은 어리석은 일입니다. 왜냐하면 1절에 말씀한 대로 하루 동안에 무슨 일이 날지 알 수 없기 때문입니다. 자랑은 자기가 자기를 칭찬하는 것이기 때문에 교만이요, 어리석은 것입니다. 참 칭찬은 남이 나를 칭찬하는 것이지 내가 나를 칭찬하는 것은 어리석은 일입니다(2절). 그러므로 우리는 남의 자랑감이 될망정 자신을 자랑하는 사람이 되지 않기를 바랍니다. 자랑하는 것을 조심해야 할 것은 그 자랑이 헛된 것이기 때문입니다. 시 39:5-6절에 "주께서 나의 날을 손 넓이만큼 되게 하시매 나의 일생이 주의 앞에는 없는 것 같사오니 사람마다 그 든든히 선 때도 진실로 허사뿐입니다. 진실로 각 사람은 그림자같이 다니고,

헛된 일에 분요하며 재물을 쌓으나 누가 취할는지 알지 못하나이다".

2. 분노와 투기를 멀리해야(3-5절)

분노와 투기는 인생을 좀먹는 무서운 독약입니다. 먼저 많은 사람들이 분노로 죄를 짓는데 그러나 분노로 죄짓는 사람은 미련한 사람입니다. 아무리 지성인이라 해도 분노를 가질 때에는 미친 사람이 됩니다. 그래서 분노가 앞문으로 들어오면 이성은 뒷문으로 달아난다고 했습니다. 분노로 인해 미친 사람이 되면 옳고 그른 것을 판단하는 능력을 상실하고 맙니다. 그러므로 분노는 위험한 것입니다. 그래서 바울은 "분을 내어도 죄를 짓지 말며, 해가 지도록 분을 품지 말고"라고 했습니다.

그런데 분노보다 더 무서운 것은 투기입니다. 상대방이 잘못이 없는데도 미워하고 남의 일을 방해하기 때문입니다. 그러므로 성도들은 분노와 투기를 멀리하고 버려야 합니다.

3. 환난 날에 의지할 수 있는 좋은 친구를 갖도록 해야

왜 친구가 좋습니까?

첫째는 친교를 나누며 마음을 즐겁게 해줍니다.

둘째는 환난의 때에 도움이 됩니다.

셋째는 충성된 권고를 해줍니다.

넷째는 주의 일을 할 때에 협력자가 되기 때문입니다.

저도 적지 않은 친구들이 있었으나 이제는 함께 즐기고, 의논할 수 있는 친구들이 주변에 없습니다. 때로는 외로움을 느낍니다. 그러나 예수님이 저의 친구가 되어주셔서 오늘도 그 주님과 함께 살아갑니다.

맺는말

사람들이 실패하는 것은 큰일에 있는 경우는 많지 않습니다. 대부분의 경우는 아주 작은 일로 인해서 인생을 실패합니다. 오늘은 일상생활에서 조심해야 할 것 3가지를 살펴보았습니다.

　첫째는 자랑하는 것을 조심해야 합니다. 남들이 나를 자랑하는 것은 좋지만 그러나 내가 나를 자랑하는 것은 어리석은 일이라고 했습니다.

　둘째는 분노와 투기를 멀리하라는 것입니다. 왜냐하면 우리를 미치게 해서 옳고 그른 것을 바로 판단하지 못하기 때문입니다.

　셋째는 환난 때에 의논하고, 의지할 수 있는 좋은 친구를 가지라는 것입니다. 그러면 우리는 승리자가 될 수 있습니다.

조화를 이루는 삶

(고전 12:12-27)

인간에게는 많은 지체가 있듯이 그리스도에게도 많은 지체가 있다는 것입니다. 그런데 이 지체들이 서로 조화를 이루지 못할 때가 있습니다. 바벨탑을 쌓을 때가 그랬습니다. 그러므로 우리의 지체가 조화를 이루듯이 교회도 조화를 이루어야 합니다.

첫째는 한 개인에게는 물론 가정에도 조화가 있어야 하고, 특히 많은 사람들이 모이는 교회는 더욱 그렇습니다. 그런데 실제는 그렇지 못합니다. 성도들은 어떤 부서에 속하면 다른 것은 안 보이고 그 부서만 보이기 때문에 다른 부서는 망해도 자기 부서만 잘 되기를 바랄 때가 없지 않습니다. 그러나 교회란 몸의 지체와 같아서 한 부서가 문제 되면 그것이 교회 전체에 영향을 준다는 것을 잊지 말아야 합니다. 그래서 오늘은 '조화를 이루는 삶'이란 제목으로 함께 은혜를 나누려고 합니다.

1. 모든 성도는 한 몸

10절에 보면 "유대인이나 헬라인이나 종이나 자유자나 다 한 성령으로 세례를 받아 한 몸이 되었고"라고 했습니다. 사람은 기형적으로 되면 큰일을 못합니다. 왜냐하면 모든 성도는 한 몸이기 때문입니다. 그러나 많은 교인들은 자기의 부서만 생각합니다. 다른 부서는 관심이 없습니다. 그러나 교회의 높은 직분을 받게 되면 다릅니다. 당회장이 되면 모든 부서를 생각지 않을 수 없습니다. 장로들이 되면 다른 교인들과는 좀 다릅니다. 왜냐하면 보이는 것이 다르기 때문입니다.

2. 서로 돌보아 주어야

발은 손이 도와주어야 하고, 오른손은 왼손이 도와주어야 합니다. 그런데 인간의 몸 가운데 가장 괄시를 많이 받는 것이 발입니다. 얼굴만 혼자서 화장을 하고, 달걀노른자를 먹고, 오이 마사지도 혼자만 합니다. 그러나 발은 항상 숨은 봉사만 합니다. 그래서 발이 거칠고, 병이 많이 납니다. 그래서 활동을 못하는 사람들도 많습니다. 이것이 인생입니다.

3. 중요한 원칙은 머리되신 그리스도의 뜻에 순종하는 것

몸의 각 지체는 서로 생각이 다릅니다. 그러므로 조화를 이루기가 쉽지 않습니다. 그러면 어떻게 해야 조화를 이룰 수 있습니까? 그것은 서로 양보하고, 머리의 명령에 순종하며 조화를 이루면 됩니다.

4. 이 원리를 어떻게 적용해야 하나?

(1) 부부간에
부부간에 상대방의 입장을 이해하는데서 시작됩니다.
(2) 구역 간에
구역끼리 무관심을 버리는 데서 시작됩니다.
(3) 교회 간에
교회끼리 봉사하는 데서 시작됩니다.
(4) 지역 간에
지역끼리. 그러려면 지역이기주의를 버려야 합니다. 지방색을 버려야 합니다. 그러나 무관심주의는 안 됩니다. 고향을 사랑하는 마음과 국가를 사랑하는 마음에 조화를 이루면 됩니다. 가장 중요한 것은 주님께 영광을 돌리려는 큰 비전을 가져야 합니다.

맺는말

음악의 참 아름다움은 조화에서 옵니다. 특히 합창에서는 더욱 그렇습니다. 각자 소리를 더 내려고 하면 조화를 이루지 못합니다. 오른손이 왼손보다 세다고 오른손으로만 일해도 몸이 균형 있게 성장하지 못합니다. 교회도 그렇습니다. 능력 있는 사람만 일하는 교회도 성장이 안 됩니다. 각자 자기의 능력을 다해서 서로 협력하고 모두가 참여할 때에 큰 역사가 나타나는 것을 보았습니다. 우리 교회는 그런 교회가 되기를 축원합니다.

종말을 앞둔 성도의 결혼관

(고전 7:25-40)

봄이 되어 많은 가정에서 결혼식을 거행합니다. 그러나 남들이 다 결혼한다고 서둘러 준비 없이 결혼하면 한가할 때 후회하게 됩니다. 그래서 이 시간에는 성경적 결혼관을 살펴보려고 합니다.

러시아 속담에 '바다에 나갈 때에는 한 번 기도하고, 전쟁에 나갈 때에는 두 번 기도하고, 결혼할 때에는 세 번 기도하라'는 말이 있습니다. 결혼이 바다에 나가는 것이나 전쟁에 나가는 것보다 더 위험성이 많다는 뜻입니다.

1. 종말을 앞둔 성도는 어떻게 해야 하나?

무엇보다도 시간이 임박하고, 짧다는 것을 기억해야 합니다. 바울은 임박한 환난을 위하여 그냥 지내는 것이 좋다고 했습니다. 그러나 바울은 결혼을 정상적인 것으로 말씀했습니다. 그러나 시간이 얼마 남지 않았기 때문에 결혼한 사람은 결혼한 상태로, 안 한 사람은 안 한 상태로 그냥 지내면서 주님의 일에 보다 치중하라는 뜻입니다.

(1) 결혼하면 생기는 문제점

육신에 고난이 옵니다. 남자들은 가족을 벌어 먹이기 위해서 땀을 흘리며 일해야 하고, 여자들은 빨래하고, 밥하고, 청소하고, 살림살이를 해야 합니다.

(2) 결혼 안 하면 생기는 문제점

첫째로 사탄의 유혹이 왔을 때에 절제하기가 어렵습니다.(고전7:9)

둘째로 육적인 고독, 외로움이 있습니다.

그렇다면 우리는 어떻게 하는 것이 좋습니까?

은사대로 하는 것이 좋습니다. 혼자 지낼 수 있다면 주님의 일을 위해서 그냥 지내는 것이 좋습니다. 여전도사의 경우가 그런 경우입니다. 혹은 결혼할 수도 있습니다. 그러나 주의 일 외에 가정의 일로 분요한 것을 미리 각오해야 합니다.

2. 이 세상 행적은 다 지나간다는 것을 잊지 말아야

염려에는 두 가지 종류가 있습니다. 하나는 세상의 염려이고, 다른 하나는 주의 일, 교회 일을 염려하는 것입니다.

그 차이점에 대해서 바울은 고후 7:10절에서 이렇게 말하였습니다. "하나님의 뜻대로 하는 근심은 후회할 것이 없는 구원에 이르게 하는 회개를 이루는 것이요, 세상 근심은 사망을 이루는 것이니라."

그러므로 우리는 세상의 염려는 다 주님께 맡기고, 오직 주의 일에 전념할 수 있도록 노력해야 합니다. 신앙생활에서 염려만큼 무서운 것도 없습니다. 그래서 성경에는 염려하지 말라고 계속해서 권면하고 있습니다. 바라기는 금년에는 염려하지 말고, 믿음으로 사는 한 해가 될 수 있기를 축원합니다.

죄의 순환시대

(삿2:1-5; 11-15)

오늘 여러분들과 함께 살펴보려고 하는 것은 사사기의 주제라고 할 수 있는 '죄가 반복되는 순환시대에'서 우리는 어떻게 바로 살아야 하는가를 살펴보면서 함께 은혜를 나누려고 합니다.

사사기의 핵심 구절은 사사기 17:6절과 21:25절의 말씀입니다. "그 때에 이스라엘에 왕이 없으므로 사람이 각각 그 소견에 옳은 대로 행하였더라" 왕이 없었다는 말은 원칙이 없고, 지도할 어른이 없고, 다스리는 지도자가 없었다는 뜻입니다. 그래서 제각각 제멋대로 살았던 것입니다. 그래서 사사시대를 암흑의 시대라고 부릅니다.

1. 사사시대는 죄가 반복되는 7가지 순환의 시대

450여 년의 사사시대를 흔히 암흑시대라고 부릅니다. 그 이유는 그들의 죄가 7번이나 똑같이 반복되었기 때문입니다. 사사시대를 개관하면 7번이나 같은 사건이 반복되었는데 그 반복된 내용은 ① 반역(범죄) ② 징계(예속) ③ 회개(기도) ④ 구원(안정)의 사이클이 7번이나 반복되었습니다.

이 7번에 걸친 죄의 순환이 바로 사사기의 내용의 요약입니다.

(1) 일곱 번에 걸친 변절의 역사

(가) 오늘 11절에 보면 이스라엘의 배교가 나옵니다. 그 구체적 실례

가 3:7에 첫 번째 배교행위가 나옵니다. "이스라엘 자손이 여호와의 목전에 악을 행하였다"고 했습니다. 그것은 바로 바알과 아세라 신을 섬긴 일입니다. 이것은 배은망덕한 죄입니다. 누가 이스라엘을 출애굽을 시켰으며 누가 광야에서 이스라엘을 인도했으며 도와주었습니까? 그런데 이스라엘 백성들이 여호와를 잊어버렸습니다. 이 영적 건망증이 바로 문제인 것입니다. 여기서 바알은 다산을 관장하는 풍년신입니다. 아세라 신은 바알의 어머니 되는 엘이란 신의 아내입니다. 하나님을 배신하고 배교행위를 한 것입니다.

(나) 다음은 14절을 보시기 바랍니다. "여호와께서 이스라엘에게 진노하사 노략하는 자의 손에 붙여 그들로 노략을 당케 하시며" 그 구체적 예가 3:8절에 나옵니다. 하나님이 '진노'하셔서 메소포타미아를 8년간이나 섬기는 '예속'의 시대를 맞게 되었습니다. 그러므로 오늘날 한국이 IMF에게 예속되는 것이 결코 우연이 아님을 알아야 합니다. 우리가 그동안 우상을 섬겼고, 쾌락과 사치를 일삼았기 때문입니다. 이것을 빨리 깨닫고 하나님께로 다시 돌아와야 삽니다.

(다) 2:18절 하반 절에 보면 "그들이 대적에게 압박과 괴롭게 함을 받아 슬피 부르짖으므로 여호와께서 뜻을 돌이키셨음이어늘" 구체적 예가 3장 9절에 보면 바로 이때에 이스라엘 백성들이 하나님께 부르짖었다고 했습니다. '회개'한 것입니다. 우리 하나님은 전능하신 하나님이시지만, 그러나 회개하는 심령들을 정죄하지 못합니다. 용서하시고 구원하여 주시는 것입니다. 다시 말하면 모든 문제를 해결하는 열쇠는 바로 기도란 말입니다. 기도해서 해결 안 되는 것이 없습니다. 그래서 주님은 기도 외에는 이

런 유가 나갈 수 없느니라고 했습니다. 이제 우리는 이 해가 지나기 전에 가지고 있는 문제들을 다 해결하고 금년을 보내야 합니다. 그러려면 기도에서 시작하시기 바랍니다. 기도 없이는 아무것도 해결할 수가 없습니다.

(라) 9절 하반 절에 "여호와께서 그들을 위하여 한 구원자(옷니엘)를 세워 구원하게 하시니 마침내 하나님의 구원하심이 나타났습니다.

그런데 놀라운 것은 이런 사건이 7번이나 반복되었다는 점입니다.

첫 번째 사이클은 3장 초두에 옷니엘 사사 때에 일어났습니다.

두 번째 사이클은 3장 후반부에 에훗과 삼갈이란 사사 때에 반복되었고,

세 번째 사이클은 4-5장에 나오는 드보라와 바락 사사 때에 반복되었습니다.

네 번째 사이클은 6-8장에 나오는 기드온 사사 때에 반복되었고,

다섯 번째 사이클은 9장에 나오는 돌라와 야일 사사 때에 반복되었습니다.

여섯 번째 사이클은 10장에 나오는 입다 사사 때에 일어났습니다.

일곱 번째 사이클은 13-16장에 나오는 삼손 때에 반복되었습니다.

이 7번에 걸친 역사는 다 변절의 역사입니다.

당시의 죄는 첫째는 하나님의 말씀대로 가나안 땅을 정복하지 않았다는 것이고, 둘째는 하나님의 말씀을 떠났다는 것입니다. 셋째는 여호와를 버리고 우상을 섬겼다는 점입니다. 이것이 한 번이 아니라 일곱 번이나 반복해서 일어난 것입니다.

이렇게 인생은 같은 변절의 죄를 반복하고 또 반복하고, 이렇게 끝없이 살아갑니다. 개가 토한 것을 다시 먹고 마시듯이 인생도 같은 죄를 반복하며 사는 것입니다.

2. 우리가 사는 길

첫째는 하나님보다 돈을 더 사랑하고 있고,

둘째는 가능하면 탈세를 하려고 하고 있습니다.

셋째는 우리나라 안에 있는 수많은 외국의 근로자들과 참된 이웃이
되지 못하고 다만 그들에게는 돈이나 벌고 살려고만 한 것을
우리가 회개해야 합니다.

그래서 하나님은 우리에게 히로시마의 폭격과 같은 진노의 채찍을 내
리치신 것입니다. 우리 모두가 범한 죄로 애꿎게도 금년에 수많은 자연
들이 피해를 입었습니다.

다음으로 중요한 것은 한국이 왜 IMF의 통치를 받아야 하느냐입니
다. 그동안 우리는 3D(difficult, dirty, danger)한 것은 연변의 교포
들이나 필리핀, 태국, 사람들에게 시키고, 임금도 제대로 주지 않고, 많
이 떼어 먹었습니다. 조금만 잘 사는 사람이면 자녀들은 다 미국에 데
려다가 공부를 시켰고, 세계 여행은 세계 2위였습니다. 정부는 달러가
남아도니 많이 바꾸어서 사용하라고 권하였고, 쌀이 남아도니 쌀로 술
을 만들라고 권했습니다. 좀더 일찍 안 망한 것이 기적입니다.

분명히 하나님은 태평양 시대의 주역으로 우리 민족을 택하여 주셨건
만 우리가 교만하여 이렇게 폭삭 망한 것입니다. 사사시대에만 예속이
하나님의 징계가 아닙니다. 지금도 마찬가지입니다.

그러므로 첫째로 우리가 사는 길은 영적으로 건망증이 많은 우리들이
우리의 과거사를 통하여 배워야 합니다. 깨달아야 합니다. 회개해야 합
니다. 왜 하나님이 징계하시는지, 왜 하나님이 우리를 채찍으로 치시는
지를 알아야 합니다. 당나귀처럼 때려야 깨닫는다면 우리는 계속해서
매를 맞을 것입니다.

그러면 왜 우리는 계속해서 반복하는 것일까요? 세 가지 중요한 이유가 있습니다.

첫째는 악한 것을 용납하는 데서 옵니다.

둘째는 죄의 힘을 경시하는 데서 옵니다.

셋째는 죄의 결과가 얼마나 비참한가를 모르는 데서 옵니다.

3. 부작위의 죄를 회개해야 함

부작위의 죄란 '하지 않은 죄'를 말합니다. 성경은 말합니다.

첫째로 죄인 줄 알고도 행치 아니하면 죄니라. 에스겔서에 보면 3:18 "내가 그 피값을 네 손에서 찾을 것이라" 금년을 마감하면서 우리는 하나님의 재물을 바치지 못한 죄, 즉 첫째로 온전한 십일조를 하지 못한 것을 먼저 회개해야 합니다.

둘째는 전도하지 않으면 내게 화가 있을지로다라고 한 바울의 고백과는 달리 전도하지 못한 것도 회개해야 합니다.

셋째로 교회에서 섬기지 못하고, 받기만 하려고 했고, 사회에서 사랑하며 살지 못한 죄도 회개해야 합니다.

4. 우상을 멀리하라

가장 중요한 것은 사사기의 메시지인 '우상을 너희에게서 멀리하라]는 것을 기억하면서 하나님보다 더 사랑하는 것을 버려야 합니다. 우상은 바로 본문 2:3절에 보면

첫째는 가시가 되고,

둘째는 올무가 된다고 했습니다.

가시는 찌르고 빨리 가지 못하도록 방해합니다. 올무는 우리를 묶어줍니다. 자유를 속박하고, 가지 못하도록 만듭니다. 그러므로 우리가 정말 참 자유를 누리고 살려면 이 가시와 올무를 버려야 합니다.

맺는말

우리 인생은 불행하게도 과거의 역사는 물론 최근의 역사에서까지 배우지 못하고 있습니다. 계속해서 우리는 잊고 있습니다. 건망증세가 너무도 심합니다. 그러므로 우리는 이 영적 건망증을 버려야 합니다. 무엇보다도 우상을 버리시기 바랍니다.

우리가 죄를 전혀 짓지 않을 수는 없지만, 그러나 죄를 지었을 때에는 곧바로 회개하고, 하나님께로 돌아가야 삽니다. 유대인들이 역사를 중요시하는 것은 과거를 잊으면 똑같은 잘못을 범한다는 것을 알고 있기 때문입니다. 그런데 왜 저와 여러분은 이렇게도 건망증이 심합니까? 그러므로 금년이 지나가기 전에 하나님께로 다시 돌아와 남은 달들을 새롭게 출발할 수 있기를 축원합니다.

죄의 보편성

(롬3:9-18)

1. 모든 사람이 다 죄 아래 있음(9절)

이것은 저와 여러분 우리 모두가 다 죄인이란 말씀입니다. 여기서 주목할 것은 죄가 있다고 정죄하는 것이 아닙니다. 또 소망이 없다는 뜻도 아닙니다. 본문에서 강조하는 것은 우리에게 소망을 주려는 것입니다.

그러나 우리에게는 성경이 있고, 하나님께 죄를 고백하고, 하나님의 뜻을 알고 있고, 하나님의 말씀을 배우고 있고, 진리를 알고 있습니다.

2. 죄의 성품(10-12)

10-12절에서 6가지의 성품을 말씀하고 있습니다.

(1) 불의(생각, 말, 행위가 불의합니다.)

"의인은 없나니 하나도 없으며."

(2) 무지(시14:2절, 본문 11절)

"깨닫는 자가 없으며."

(3) 영적으로 냉담하고 이기적(본문 11절, 시14:2절)

"하나님을 찾는 자도 없고."

(4) 비뚤어져 있음(본문 12절, 시14:3절)

"다 치우쳐."

(5) 무익하게 합니다(본문 12절, 시14:3절).

"한 가지로 무익하게 되고".

(6) 악함(본문 12절, 시14:3절)

"선을 행하는 자는 없나니 하나도 없도다."

3. 죄적인 혀(13-14)

혀는 죄를 짓는 도구 중에 가장 많이 사용되는 도구입니다.

(1) 부패(더럽다, 공경적입니다.)

"저희 목구멍은 열린 무덤이요"(13절)

(2) 속임수(본문 13절, 시5:9절).

"그 혀로는 속임을 베풀며"(13절).

(3) 저주(본문 14절, 시10:7절).

" 그 입에는 저주와 악독이 가득하고."

(4) 독(본문 13절, 시140:3절).

"그 입에는 저주와 악독이 가득하고."

4. 죄 아래 있는 인간의 행위(15-18)

혀를 통해서 어떤 죄가 이루어지는지를 함께 살펴보겠습니다.

(1) 살인(본문 15절, 시59:7절).

발은 혀를 통해서 혀와 함께 움직입니다.

15절에 "그 발은 피 흘리는 데 빠른지라."

(2) 억압과 불행을 초래합니다(본문 16절, 시59:7절)

16절에 "파멸과 고생이 그 길에 있어."

(3) 가는 곳마다 불화를 만듭니다(본문 17절, 시59:8절).

17절에 "평강의 길을 알지 못하였고"라고 했습니다.

주 안에서

(롬16:8-13)

1. 주 안에 서라는 말의 뜻은?

크게 여섯 가지의 뜻이 있습니다.

(1) 그리스도와의 연합을 뜻함

'in'이라는 전치사는 연합을 뜻하는 말입니다. 요 15:5절에 보면 "나는 포도나무요 너희는 가지니 저가 내 안에, 내가 저 안에 있으면." 바로 이런 상태가 안에 있는 상태입니다.

(2) 그리스도를 중심으로 라는 뜻

우리가 일생을 살아갈 때에 가장 중요한 것은 무엇을 중심으로 사느냐입니다. 돈을 중심으로 사는 사람이 있고, 지식을 중심으로 사는 사람이 있고, 권력을 중심으로 사는 사람이 있습니다. 그러나 우리들은 그리스도를 중심으로 사는 삶이 되어야 합니다. 그것이 바로 그리스도 안에서의 삶입니다.

(3) 그리스도의 영광을 위해서 산다는 뜻

우리는 무엇을 하든지 간에 그 무엇을 위해서 삽니다. 자신을 위해서 사는 사람도 있고, 가족을 위해서 사는 사람도 있고, 교회를 위해서 사는 사람도 있고, 또 어떤 사람은 국가와 민족을 위해서 살기도 합니다. 그러나 가장 중요한 것은 그리스도의 영광을 위해서 살아야 합니다.

지금 여러분은 무엇을 위해서 살고 있습니까? 자신만 위해서 사는 사람은 죽는 순간에 모든 것이 다 무너집니다.

(4) 그리스도와 함께 라는 뜻

우리는 가족과 함께 살고, 성도들과 함께 살고 있습니다. 다 좋은 것입니다. 그러나 더 근본적으로 중요한 것은 그리스도와 함께 살아야 하고, 그리스도와 함께 고난을 당해야 하고, 그리스도와 함께 죽어야 합니다. 그런데 그리스도와 함께 하면 승리할 수 있고 항상 기뻐할 수 있습니다.

(5) 그리스도의 뜻에 따라서 살라는 뜻

'안에서'라는 말은 한계를 의미합니다. 따라서 그리스도의 뜻에 따라서 사는 삶이 그리스도 안에서라는 말의 뜻입니다. 그러나 세상에서는 많은 사람들이 자기 안에서 삽니다. 즉 자기의 뜻에 따라 삽니다. 그러나 좀 더 자세히 살펴보면 그 사람은 사탄의 리모컨에 의해서 조절되고 있습니다.

(6) 그리스도 제일주의라는 뜻

우리에게는 우선순위가 누구에게나 있습니다. 그러나 그리스도 안에 사는 사람은 항상 그리스도 제일주의로 삽니다. 우리도 항상 그리스도 안에서 사는 삶, 즉 그리스도 제일주의로 사는 삶이 되어야 합니다.

2. 어떻게 사는 삶이 그리스도 안에서의 삶인가?

(1) 주님의 말씀을 항상 묵상하면서 사는 삶

주님의 뜻은 성경에 기록된 말씀 외에는 없습니다. 그러므로 그리스도 안에서 사는 성도는 항상 주님의 말씀을 묵상하면서 삽니다.

(2) 그리스도께서 나와 같은 입장에 있다면 어떻게 하였을까를 생각하면서 사는 삶

성경에 없는 그리스도의 말씀은 우리들이 확인할 수 없기 때문에 그리스도께서 나와 같은 입장에 있다면 어떻게 하였을까 라는 상황을 설정하여 생각하고 연구하고 기도하면 우리는 주님의 뜻에 가까이 갈 수가 있습니다.

(3) 항상 기도하면서 그의 뜻을 묻고, 그와 함께 동행 하는 삶

주님과 동행하는 삶은 바로 기도하는 삶입니다. 그러나 우리는 기도할 때에 주님께 내 뜻을 강요해서는 안 됩니다. 주님이 감람산에서 내 뜻대로 마옵시고, 아버지의 원대로 하옵소서 하고 기도하듯이 해야 합니다.

(4) 그리스도만을 전파하고, 그리스도의 왕국을 세우기 위한 삶

우리 개인은 물론 가정과 교회도 그리스도의 왕국을 세우는 것이어야 합니다.

주께로 돌아오면

(고후3:12-18)

이 세상에는 수많은 문제들이 있습니다. 우리가 살고 있는 현실 세계에는 정말 문제들이 연달아 일어납니다. 영의 세계에서도 수많은 문제가 있습니다. 그런데 중요한 것은 그 모든 문제가 주께로 돌아오면 다 해결된다는 것입니다. 믿습니까?

1. 예수님께 돌아오면 영적 문제 해결

(1) 주께로 돌아오면 소망이 생김(12절).

지금 우리 세상은 옛날보다 더 편리하고 풍성해졌습니다. 그러나 자살자가 많아지는 이유는 무엇일까요? 소망이 없기 때문입니다. 그러나 로마시대를 보면 약 5천만 명이 순교를 당했습니다만 그럼에도 불구하고 그들이 배교하지 않은 것은 주 안에 참 소망이 있는 것을 보았기 때문입니다. 이 소망이 여러분들에게도 넘치기를 축원합니다.

(2) 주께로 돌아오면 영의 세계를 가렸던 수건이 벗겨짐(16절).

구약시대에는 하나님의 얼굴을 보면 즉사했습니다. 그래서 모세도 하나님의 뒷모습만 보았습니다.

그래서 그들의 수건으로 얼굴을 가렸습니다. 그러나 문제는 우리는 하나님을 만나야 삽니다. 그래서 이제는 영으로 하나님을 볼 수 있게 되었습니다.

(3) 주께로 돌아오면 참 자유 함이 있게 됨(17절)

17절 말씀이 오늘의 요절입니다. "주는 영이시니 주의 영이 계신 곳에는 자유 함이 있느니라."

(4) 주께로 돌아오면 주의 영광을 보게 됨(18절).

주의 영광을 볼 때에 우리는 하나님의 영광에 이르게 되고, 그것은 바로 주의 영으로 말미암아 이루어집니다.

2. 어떻게 주께로 돌아올 수 있을까?

적어도 4 가지의 방법이 있습니다.

(1) 믿음으로 주께 갈 수 있음

믿으면 됩니다. 예수님이 나의 구주인 것을 믿으시기 바랍니다. 예수님이 내 모든 문제를 해결하기 위해서 십자가에서 죽으신 것을 믿으시기 바랍니다. 주님은 우리의 부활을 위해서 부활하셨고, 천국을 예비하기 위해서 승천했습니다. 이제 머지않아 다시 재림하실 것입니다. 이것을 믿으면 놀라운 변화가 일어납니다.

(2) 말씀을 통해 주께로 갈 수 있음

성경은 예수님이 사시는 집입니다. 성경이란 집에 가시면 예수님을 만날 수 있고, 그의 음성을 들을 수 있습니다.

(3) 기도를 통해서 주께로 갈 수 있고 주님을 만날 수 있음

지금 예수님은 영으로 계시기 때문에 그냥은 만날 수 없습니다. 따라서 우리가 주님을 만나려면 기도를 통해서 가야합니다. 기도는 예수님을 만나게 하고 그의 음성을 듣게 하는 채널입니다.

(4) 주께 소망을 가짐으로 그에게 돌아갈 수 있음

우리가 땅의 것을 바라보지 않고, 주님계신 위를 바라보며 소망하면 주님이 우리 안에 내주하게 됩니다.

바라기는 우리 모두가 주께로 돌아가 세상의 어려운 문제들뿐만 아니라 모든 영적인 문제도 해결해서 참 행복을 발견할 수 있기를 축원합니다.

주는 삶을 통한 넘치는 은혜(고후 9:6-11)

하나님의 일반적 원리는 6절의 말씀처럼 심은 대로 거두는 데 있습니다. "적게 심는 자는 적게 거두고 많이 심는 자는 많이 거둔다"는 원리입니다.

지금 우리말 성경에는 나오지 않습니다만 원문에는 "이것을 기억하라"는 말로 시작하고 있습니다. 왜냐하면 아주 중요한 말씀이기 때문입니다. 그러면서 심는 대로 거둔다는 말씀을 한 것입니다. 그러나 억지로 내는 사람들에게는 상급이 없습니다. 따라서 중요한 것은 "인색함으로나 억지로 하지 말찌니"(7절)라는 삶입니다. 왜냐하면 하나님께서는 즐겨 내는 자를 사랑하시기 때문입니다.

그 다음 절인 8절에는 우리말 성경에는 없습니다만 "그리고"라는 말로 다시 시작합니다. 위의 말씀과 서로 연결된 말씀이란 뜻입니다. 그것은 하나님께서는 그의 백성들에게는 넘치게 하시는 축복을 주신다는 내용입니다.

① 8절의 말씀을 보면 "하나님께서는 모든 은혜를 넘치게 해서" 즉 모든 것을 우리들에게 넘치게 한다는 것입니다.

첫째, 항상 우리들에게 모든 것이 넉넉하게 하시고,

둘째, 다른 사람들에게도 나누어줄 수 있도록 하신다고 했습니다. 사실 우리가 모든 것이 넉넉해야 남에게 나누어 줄 수 있습니다. 가난해서는 줄 수 없습니다. 그래서 하나님께서는 우리에게 남을 도울 수 있을 만큼 넉넉하게 주십니다. 그런데 문제는 넉넉하게 받았는데도 계속 욕심만 부리는 사람들이 많습니다. 그래서 남에게 주지 못하고 사는 것입니다.

왜 바울이 이 말을 여기서 하는 것일까요? 그것은 없는 가운데서도 넘치도록 바친 고린도 교인들을 위로하고, 저들이 예루살렘 교회를 위해서 연보하고 바친 것에 대해 하나님께서 기억하시고, 축복해주실 것이란 것을 알게 하려고 하신 말씀입니다.

② 9절은 시편 112:9절의 인용입니다. 물론 지금 우리가 가지고 있는 시편의 말씀과 뜻은 같으나 용어는 약간 다릅니다. 그것은 신약의 구절은 70인 역을 인용했기 때문에 언제나 약간씩 다릅니다. 그러면 "그 의가 영원히 있느니라"는 말씀은 무슨 뜻입니까?

이것은 단순한 구원이 아니라 상급이 있는 구원을 뜻하는 말입니다. 그러므로 우리는 주는 생활을 해야 복을 받습니다. 새 해에는 주는 삶을 살 수 있기를 축원합니다.

③ 10절에서는 주는 삶을 씨 뿌리는 자로 비유하면서 그들이 받게 될 축복과 상급을 말씀하고 있습니다.

첫째, 주는 삶은 많은 은혜를 받는 보증수표가 된다고 했습니다.

둘째, 의의 열매를 더하게 한다고 했습니다. 이것은 천국에서 받게 될 상급을 뜻하는 말입니다.

셋째, 11절에 보면 이런 주는 삶은 하나님께 감사와 찬양이 된다는 것입니다. 그러므로 우리는 항상 주는 삶을 살 수 있기를 축원합니다. 그래서 바울이 행 20:35절에서 "주는 것이 받는 것보다 복이 있다"는 주님의 말씀을 우리의 삶에서 나타날 수 있기를 축원합니다. 주는 삶을 통한 넘치는 은혜가 있기를 축원합니다.

주님이 기뻐하는 사람

(롬16:6-7)

1. 주님이 기뻐하는 사람과 슬퍼하는 사람

이 세상에는 주님이 기뻐하는 사람과 슬퍼하는 사람이 있습니다. 우리는 다 주님이 기뻐하시는 사람이 되어야 됩니다.

(1) 마리아들

본문에 보면 제일 먼저 마리아라는 여자의 이름이 나옵니다.

성경에는 마리아란 이름이 7명이나 나옵니다. 예수님의 어머니 마리아, 막달라 마리아, 야고보의 어머니 마리아, 마르다의 동생 마리아, 마가 요한의 어머니 마리아, 글로바의 아내 마리아, 그리고 본문에 나오는 마리아입니다. 그런데 이들은 한결같이 신앙이 좋은 사람들 이었습니다.

본문에 나오는 마리아에 대해서는 "너희를 위하여 많이 수고한"이라고 기록하고 있습니다. 그녀는 크게 세 가지 일을 하였습니다.

첫째 로마 교회 초창기의 창립 멤버였습니다.

둘째 마리아는 로마 교회를 위해 많은 수고와 희생을 하였습니다.

셋째 뵈뵈나 브리스가와 아굴라처럼 주님의 사업에 깊이 참여하여 활동적이었다는 점입니다.

(2) 아드로니고와 유니아

7절에 "내 친척이요 나와 함께 갇혔던 아드로니고와 유니아"의 이름이 나옵니다. 이들도 주님이 기뻐하는 사람들이었습니다. 바울과 함께 옥에 갇혔던 사람이라고 했습니다. 그리고 안드로니고와 유니아가 "사도에게 유명히 여김을 받고" 즉 사도들에게 잘 알려져 있는 사람들이었습니다. 이 말은 교회에서도 인정을 받았다는 뜻이고 하나님께도 인정받았다는 뜻입니다. 특별히 바울은 그 두 사람을 "나보다 먼저 그리스도 안에 있는 자"라고 하였습니다. 무슨 뜻입니까? 바울보다 먼저 믿었다는 뜻이요 바울보다 더 유명하였다는 뜻입니다.

교회 안에서는 별의별 사람들이 다 있습니다. 세상적으로 직업적으로 서로 다르고, 유명인사도 있고 무명 인사도 있습니다. 그러나 중요한 것은 세상에서의 신분에 관계없이 주님이 기뻐하는 사람이 되어야 합니다. 오늘 본문에 나오는 사람들의 특징은 다 같이 주님의 일에 힘썼다는 점입니다.

주님이 당하신 고난의 의미

(사53:1-6)

이 세상에는 여러 가지 종류의 십자가가 있습니다. 종류에 따라 고난의 의미가 다릅니다.

1. 세 가지 종류의 큰 십자가

(1) 오른쪽 강도의 십자가

처음에는 형벌의 십자가였지만 자신의 죄를 깨닫게 되었을 때에 속죄의 십자가, 용서의 십자가가 되었습니다. 그래서 주님으로부터 "오늘 네가 나와 함께 낙원에 있으리라"는 약속을 받았습니다.

(2) 왼쪽 강도의 십자가

한 마디로 말해서 형벌의 십자가입니다. 중요한 것은 그의 과거의 죄도 문제지만 더 큰 문제는 그리스도를 보면서도 자신의 죄를 깨닫지 못하고, 회개할 기회를 놓쳤다는데 있습니다.

(3) 주님의 십자가는 대속의 십자가

4절 전반에 "그는 실로 우리의 질고를 지고 우리의 슬픔을 당하였다"고 했습니다. 5절에 좀 더 분명하게 말씀하고 있습니다. "그가 찔림은 우리의 허물을 인함이요 그가 상함은 우리의 죄악을 인함이라." 예수님이 당하신 고난은 오른쪽에 있는 강도의 십자가나 왼쪽에 있는 강도의 십자가와는 전혀 그 뜻이 다르다는 말씀입니다.

2. 주님의 십자가 고난이 주신 축복

주님의 십자가의 고난으로 말미암아 우리는 어떤 축복을 받았는가?

(1) 허물과 죄의 용서

5절에 보면 "허물(원죄)과 죄(자범죄)"의 용서를 받게 되었다는 것입니다. 그래서 주님은 '다 이루었다'고 했습니다.

(2) 그가 징계를 받음으로 우리가 평화를 누림

5절에 보면 "그가 징계를 받음으로 우리가 평화를 누리고."

왜냐하면 십자가는 바로 더하기의 표시였기 때문입니다. 하나님과 우리가 죄로 인해서 나누어졌던 것이 십자가로 화목이 되었고. 나와 너 사이에 이해관계와 미움과 오해로 인해 나누어졌던 것이 하나가 된 것입니다.

(3) 채찍에 맞음으로 우리가 나음을 입음

5절에 보면 "그가 채찍에 맞음으로 우리가 나음을 입었도다"고 했습니다. 즉 치유를 받았다는 뜻입니다.

무슨 치유를 받았는가?

첫째 죄책감에서 벗어나게 되었습니다.

둘째 더 이상 무의미한 삶을 살지 않고, 좌절감에 사로잡히지 않게 되었습니다.

셋째 이웃과의 소외에서 벗어나게 되었습니다.

넷째 가장 중요한 것은 자아의 분열에서 치유되고, 그리스도와 연합함으로 조화된 삶과 참 자유의 사람이 되었습니다.

주님이 주신 말씀

(요20:19-23)

본문은 주님이 부활하신 후에 제자들에게 주신 네 마디의 말씀에 대한 것입니다.

1. 주님이 주신 최초의 말씀

부활하신 주님이 주신 최초의 말씀은 "너희에게 평강이 있을지어다." 라는 인사였습니다(19절).

왜 이 말씀부터 하였을까요?

19절에 보면 "제자들이 유대인들을 두려워하여 모인 곳에 문을 닫았더니"라고 했습니다. 놀라운 것은 이런 제자들에게 주님은 책망하지 않았습니다. 오히려 위로의 인사를 했습니다. 불안해하는 제자들에게 먼저 평안을 빌었습니다.

2. 부활하신 주님이 주신 두 번째의 말씀

부활하신 주님이 주신 두 번째의 말씀은 "너희에게 평강이 있을지어다, 아버지께서 나를 보내신 것같이 나도 너희를 보내노라"(21절)는 말씀입니다.

이 말씀을 다른 말로 하면 너희는 이제부터는 '사명자'입니다. 즉 말씀을 증거 하는 선교사라는 뜻입니다.

'사도'란 말은 '보내심을 받은 자'라는 뜻입니다.

그런데 제1의 선교사인 예수님은 하나님으로부터 직접 보내심을 받은 자이고, 제자들은 예수님으로부터 보내심을 받은 자이고, 우리는 성령으로부터 보내심을 받은 자입니다.

3. 부활하신 주님이 주신 세 번째 말씀

부활하신 주님이 주신 세 번째 말씀은 "성령을 받으라"는 말씀입니다(22절). 왜 이 말씀을 했을까요?

그것은 성령을 받지 않으면, 보내심을 받은 자의 사명을 감당할 수 없기 때문입니다. 그래서 미국에서 제일 큰 욕은 '성령 받지 말고 목사가 되라'는 말입니다.

4. 부활하신 주님이 주신 네 번째 말씀

부활하신 주님이 주신 네 번째 말씀은 "너희가 뉘 죄든지 사하면 사하여질 것이요 뉘 죄든지 그대로 두면 그대로 있으리라"(23절)는 말씀입니다.

먼저 말씀드릴 것은 사죄의 권한은 오직 하나님 외에는 아무도 가질 수 없다는 것입니다.

그러면 이 말씀은 무슨 뜻입니까?

전도를 통해서 다른 사람들을 주님께로 인도할 수 있고, 이때에 그들이 회개하고, 그리스도의 보혈로 깨끗이 씻김을 받게 되면 죄의 용서는 하나님이 하지만 우리의 전도 없이는 이루어질 수 없다는 뜻입니다.

겔 3:18절에 "가령 내가 악인에게 말하기를 너는 꼭 죽으리라 할 때에 네가 깨우치지 아니하거나 말로 악인에게 일러서 그 악한 길을 떠나 생명을 구원케 하지 아니하면 그 악인은 그 죄악 중에서 죽으려니와 내가 그 피 값을 네 손에서 찾을 것이고"라고 하였습니다.

그러므로 우리들은 마 25:26절에 나오는 한 달란트 받은 자처럼 "악하고 게으른 종"이 되지 말아야 합니다. 악한 일만 안 하면 되는 것이 아닙니다. 하나님의 은혜로 구원받고서 감사할 줄 모르고, 봉사할 줄 모르는 사람은 한 달란트 받은 사람처럼 책임을 완수하지 않고 있는 사람처럼 결국 주님에게서 악하고 게으른 종으로 바깥 어두운 데로 내어쫓겨나는 심판을 받게 된다는 것입니다.

주안에서 기뻐하라

(빌3:1-3)

이 세속사회 속에서 성도들이 가져야 할 자세는 무엇인가? 바울은 본문에서 우리가 어떤 자세를 가져야 할 것을 말씀해 주고 있습니다.

1. 배경

바울에게는 대적하는 무리들이 있었습니다. 그들을 바울은 썩은 것을 먹는 더러운 개, 행악하는 자들, 손할례 당이라고 불렀습니다(2절). 이것으로 보아서 그들은 할례를 강조하는 유대주의자들임을 알 수 있습니다. 이들은 복음을 무시하고 율법과 할례를 강조하였던 것입니다. 이들은 진리를 거슬리는 자들입니다.

2. 그리스도인들의 삶의 자세

오늘 본문에서는 그리스도인의 삶의 자세를 크게 세 가지로 말씀하고 있습니다.

(1) 주안에서 기뻐하라(1절).

바울은 종말로, 마지막으로, 즉 결론적으로 지금 권면하고 있는 것입니다. 그러면 여기서 바울이 같은 말을 하는 것은 무엇인가요? 그것은 거짓 교사들에 대한 경고입니다. 이들이 복음에서 벗어난 사실을 반복해서 지적해 주는 것을 말합니다. 여기서 기뻐함은 계속적인 기쁨을 말합니다. 그러나 우리의 기쁨은 잠시적인 것이 너무도 많습니다. 그러나 주 안에서의 기쁨은 계속적인 것이고, 영구적인 것이어야 합니다.

(2) 성령으로 봉사하는 것(3절).

진정한 할례 당은 전통이나 형식에 지배받지 않고 성령의 인도하심을 받아 기쁨으로 예배드리는 자들입니다.

봉사를 영어로 service라고 합니다. 그것은 바로 예배란 뜻이기도 합니다. 다시 말해서 하나님께서 가장 기뻐하시는 예배는 봉사를 통한 예배입니다. 즉 봉사할 때 예배자의 자세로 살아야 합니다.

(3) 예수 그리스도로 자랑하며 살아야(3절).

당시 율법주의자들은 율법을 지키는 행위를 자랑하였습니다. 그러나 참 할례당은 예수를 자랑하고, 그에게 소망을 두는 자들입니다. 따라서 육체를 신뢰하지 않습니다.

주의 긍휼이 크시므로

(느9:25-31)

오늘 느헤미야 9장의 내용은 이스라엘 민족이 바벨론 포로로 잡혀갔다가 돌아왔을 때에 서기관인 에스라(여호와가 도우신다는 뜻)가 율법을 낭독하고 가르칠 때에 일어난 회개운동을 기록한 것입니다. 다시 말하면 민족적 회개운동이 바로 오늘의 9장입니다.

어쩌면 이 말씀은 지금 여러 가지로 위기를 당하고 있는 오늘의 우리 민족들에게 주시는 방향제시요, 위로의 말씀이라고 믿습니다. 사실 지금 우리는 기도하는 것밖에는 다른 살 길이 없습니다. 왜냐하면 우리 하나님은 권능이 많으시고 긍휼이 크신 하나님이시기 때문입니다. 믿습니까?

1. 기도만이 살 길

무엇보다도 중요한 것은 지금 우리가 사는 길은 기도밖에는 없다는 것을 깨닫는 일입니다. 우리가 여러 가지 방법들을 연구하고 머리를 짜고 애를 쓰지만, 그러나 결국 기도 없이는 해결이 불가능합니다. 그런데 이것을 깨닫지 못하고 있습니다. 이것이 더 큰 문제입니다. 깨달음이 없이는 결단이 없고, 결단 없이는 변화가 없습니다.

2. 왜 기도해야 하는가?

(1) 기도 외에는 다른 길이 없기 때문

"기도 외에 다른 것으로는 이런 유가 나갈 수 없느니라." 기도 외에 다른 길이 없기 때문입니다.

(2) 기도할 때 이루어지기 때문

성경에 보면 어려운 일이 생길 때마다 기도하면 반드시 해결되었고, 복을 받았습니다. 그래서 우리도 지금 그렇게 해야만 합니다. 예수님도 그랬고 바울도 그랬고, 구약의 모세나 이사야나 엘리야나 누구 하나 예외 없이 다 그랬습니다. 그렇다면 우리들에게 다른 방법이 있을 수 없습니다.

(3) 당면한 문제 앞에 기도할 때

지금 우리가 당면한 문제들은 하나님께서 우리들에게 '이제는 기도하라'는 신호이기 때문입니다.

(4) 기도할 때 들어주신다는 약속 때문

하나님께서는 기도할 때 해결해주시고, 은혜를 주시고, 축복해주신다고 약속했기 때문입니다. "너는 내게 부르짖으라 내가 네게 응답하겠고, 네가 알지 못하는 크고 비밀한 일을 네게 보이리라"(렘33:3).

3. 어떻게 기도해야 하나?

(1) 응답의 확신을 가지고

하나님께서 정말 우리의 기도를 듣고 계신다는 응답의 확신을 가져야 합니다. 성경을 보십시오. 에스더의 기도는 3일 만에 응답 받았고, 초대교회의 120문도들은 10일 만에 응답받았고 벧엘에서의 야곱의 기도는 20년 만에 응답받았습니다. 그런데 문제는 우리들이 의심하고 있습니다. 응답을 의심하고 있습니다.

(2) 과거의 은혜를 감사하고

과거의 역사를 회고해 보면서 감사부터 해야 합니다. 우리가 건물이 없어서 새집 살 때의 일을 회고하면서 감사해야 합니다. 다운 페이만 하고, 은행에서 대출을 하지 못하여 낙심이 가득했을 때 하나님이 기적을 베풀어서 해결시켜 주신 것을 감사해야 합니다. 온 교인이 함께 예배드릴 수 있는 본당을 짓도록 길이 열린 것을 감사해야 합니다. 우리의 감사는 정말 말로 다할 수 없습니다.

(3) 잘못을 회개하고

그동안 우리들이 하나님 앞에서 저지른 잘못들을 회개해야 합니다. 직분자들이 직분자답게 기도하고, 봉사하고, 사랑해야 하는데 직분자들 중에는 교회에 와서 섬기지는 않고, 지배만 하려고 하는 것을 회개하고, 교회의 어려운 문제들이 생길 때는 고개를 돌렸다가 은혜만 받으려고 하는 절대로 손해 안 보고 얻기만 하려고 하는 이기주의를 회개해야 합니다. 그러므로 먼저 성도답지 못한 것을 회개해야 합니다.

(4) 주 바라기 꽃처럼 되어야

무엇보다도 중요한 것은 회개만으로 끝나서는 안 되고, 우리의 초점을 다시 바로 잡아야 합니다. 땅 바라기나 돈 바라기가 아니라 주 바라기 꽃처럼 되어야 합니다. 그러려면 결단을 해야 합니다.

맺는말

지금 우리가 당하고 있는 환난이나 고통은 그 자체는 징계이지만 그러나 결과적으로는 우리들을 사랑하시는 사랑의 채찍이요 전화위복의 신호입니다. 이 위기가 기회가 되려면 기도하는 길밖에는 없습니다. 우리 교회의 각 부서들이 함께 기도하고 하나님께 부르짖기를 바랍니다.

주의 이름을 부르는 자

(행2:20-24)

1. 종교의 필요성

종교란 무엇입니까?

종교란 초자연적인 존재에 대한 절대의존의 감정입니다. 그러면 왜 우리들에게 종교가 필요합니까? 종교는 문화의 일부분에 속하는데 문화는 정신적인 면을 말하는데 자연이 아닌 모든 것입니다. 중요한 것은 종교는 모든 문화 중에서 핵심이 됩니다.

그러므로 문화가 없었던 시대가 없었듯이 종교가 없는 사람은 하나도 없다고 해도 과언이 아닙니다. 다만 차이가 있다면 참 종교를 가진 사람이 있고, 위사 종교, 즉 거짓된 종교를 가진 사람들이 있을 뿐입니다.

그러면 무엇이 참 종교입니까? 참 종교란 하나님께서 우리들에게 주신 구원의 도리가 참 종교입니다. 내 힘으로는 구원을 받을 수 없고 오직 예수 그리스도를 통해서 구원을 받는다고 믿는 것이 참 종교요 기독교입니다.

2. 기독교의 특징

세상의 모든 종교는 다 사람이 먼저 신이 무엇인가? 어떻게 하면 우리가 신을 만나며 구원을 받을 수 있는가 하면서 인간이 먼저 신을 찾고, 구원 받으려고 노력합니다. 그러나 기독교는 전혀 그렇지 않습니다.

정반대입니다. 창 3:9절에 보면 하나님께서 아담을 찾아오셨습니다. 이 것이 기독교의 시작입니다. 즉 다른 종교와는 달리 하나님이 먼저 인간을 찾아 내려오신 것이 기독교의 특징입니다

3. 믿을 때 주시는 구원의 개념

(1) 일반적 구원개념

이것은 죄에서 건짐을 받는 것입니다. 다시 말하면 용서함을 받는 것이 구원입니다.

(2) 질병에서 고침을 받는 것

그래서 주님은 신유의 은사를 베풀 때에 네 믿음이 너를 구원하였느니라고 했습니다. 병 고침과 구원을 동의어로 말씀한 것입니다.

(3) 율법에서 해방되어 참 자유의 삶

율법에서 해방되어 참 자유의 삶을 사는 것입니다.

특별히 로마서에는 그 개념이 강하게 내포되어 있습니다.

(4) 죽음에서 해방

죽음에서 해방되는 것입니다.

(5) 풍성한 삶

참으로 풍성한 삶을 사는 것입니다. 요한복음에 나타난 구원의 개념이 바로 이 풍성한 삶입니다.

4. 구원받는 비결

본문에는 아주 간단하게 "주의 이름을 부르는 자는 구원을 얻으리라"고 했습니다.

(1) 피의 제사를 통해

피의 제사를 통해서 구원을 받습니다.

최초의 구원은 창 3:21절에 "하나님이 아담과 그 아내를 위하여 가죽 옷을 지어 입히시니라"고 했습니다. 이것은 바로 피의 제사를 통해서 구원을 받았다는 뜻입니다.

(2) 위를 봄으로 구원 받음

민 21장에 보면 위를 쳐다봄으로 구원을 받았다고 했습니다.

이스라엘 백성들이 광야에서 모세를 향하여 원망하다가 불 뱀으로 인하여 죽게 되었습니다. 이때 하나님께서 놋 뱀을 만들고 이를 쳐다보는 자는 산다고 하였습니다. 이것은 믿음의 눈으로 쳐다보았다는 뜻입니다.

(3) 주를 믿으면 구원을 얻음

요 3:16절에는 "하나님이 세상을 이처럼 사랑하사 독생자를 주셨으니 누구든지 저를 믿으면 구원을 얻으리라"고 분명하고 간단하게 말하였습니다.

너무도 간단합니다. 내가 무슨 선한 일을 하였기 때문이 아니고 믿으면 구원을 받는 것입니다. 이것은 자기의 공로가 아니라 하나님의 은혜만이 우리의 구원의 근거가 되는 것을 말한 것입니다.

(4) 믿음으로 부르는 자를 구원하심

본문의 부른다는 것은 경배한다는 것이고, 기도하는 것이고, 찾는다는 뜻입니다.

주님을 믿음으로 부르는 자를 하나님께서는 구원하여 주시고, 응답하여 주십니다.

죽음에 대한 성경적 교훈

(고후 5:1-10)

오늘 본문에 보면 우리의 육신을 장막 집에 비유하고 있습니다. 왜 그랬을까요?

첫째, 집처럼 우리의 영혼이 잠깐 거주하는 곳이지 영원한 것이 못되기 때문입니다.

둘째는 우리의 육신은 별로 큰 가치가 없고 잘 망가지고, 병들기 때문입니다.

다음은 "하늘에 있는 영원한 집"이라고 했는데 그것은 하나님께서 덧입혀 주시는 신령한 몸을 말합니다. 그 몸은 우리의 육신의 몸과는 전혀 다릅니다. 모양은 비슷하지만, 그러나 결코 병들지 않고, 더욱이 영위하고 신령한 몸, 그것을 흔히 영체라고 부릅니다. 주님이 부활했을 때 덧입었던 그 몸을 말합니다.

1. 몸의 의미

우리의 몸은 이 땅에서 우리의 영혼이 잠깐 머물다 가는 텐트, 장막 집입니다. 여러분 우리가 아무리 호화로운 여관에서 자도 며칠 머물 뿐 영원히 머무는 곳은 아닙니다. 저는 라스베가스에서 하루에 몇 백만 원하는 세계 최고의 호텔방에서도 자 보았고, 중국의 영빈관에서 국빈대우를 하는 곳에서도 자 보았으나 좀 소박하기는 하지만 우리 집처럼 편

안하지가 않았습니다.

옛날 몽고족들은 대칸(왕)이라도 장막에서 살았고, 갔습니다. 그러므로 우리가 아무리 건강하고, 미인이라 해도 다 잠시 머물다 가는 장막에 불과합니다. 오래 머무는 곳이 아니란 사실입니다.

2. 육신의 장막 속에서 우리는 어떻게 살아야 하는가?

저는 육신의 장막에 근거해서 'Tripple 30'의 철학을 가지고 살고 있습니다. 처음 30년간은 주로 받는 삶, 부모에게서 받고, 선생님에게서 받고, 이웃에게서 받는 생활이었습니다. 두 번째, 30년간은 내가 교회와 사회를 위해서 활동하고, 이룩하는 기간이었습니다. 이제는 나머지 30년이 남았습니다. 물론 정확하게 90까지 산다는 뜻은 아닙니다. 길어야 90이란 뜻입니다.

이 기간은 쉬고, 주고, 남기는 기간입니다. 제가 얼마나 많은 업적을 남길지는 모르지만 그러나 최소한 빚진 인생이 되고 싶지는 않습니다. 이 트리플 30을 지나면 저는 하나님께로 갈 것입니다. 확실한 것은 이 땅에서 가지고 있던 장막이 아니라 하나님께서 덧입혀주는 아름답고, 영원한 영체로 살게 된다는 점입니다.

3. 우리는 어떻게 살아야 하는가?

(1) 주와 함께

8절, "주와 함께 거하는 삶"을 살아야 합니다. 말씀을 상고하면서 기도하며 주님의 손이 되어 봉사하는 생활을 말합니다.

(2) 주를 기쁘시게

19절, "그런즉 우리는 거하든지 떠나든지 '주를 기쁘시게' 하는 자 되기를 힘쓰노라"

지금은 자다가 깰 때

(롬13:11-14)

본문은 어거스틴이 변화 받게 된 유명한 구절입니다. "또한 너희가 이 시기를 알거니와 자다가 깰 때가 벌써 되었으니."

1. 시기의 중요성

인간에게 있어서 때를 아는 것은 아주 중요합니다.

여기서 시기란 말은 '카이로스'란 말입니다. 헬라어에는 시간이란 단어가 크게 두 가지가 사용됩니다. 하나는 '크로노스'란 말이고, 다른 하나는 여기서 볼 수 있는 '카이로스'란 단어입니다. 크로노스란 '사람의 시간이나 시기'를 말합니다. 그런데 본문에 사용되는 시기란 단어는 '하나님의 시간'입니다. 이것은 역사의 중대한 시점을 의미하기 때문입니다.

2. 지금은 어떤 시기인가?

(1) 자다가 깰 때

잠은 잘 때가 있습니다. 그것은 쉬기 위해서 밤에 자는 것입니다. 그러나 깰 때에 자면 큰 낭패를 당합니다. 성경은 우리에게 경고합니다. '자다가 깰 때가 되었으니'라고 말합니다. 지금이 깰 때란 말은 지금이 일어나 활동할 때란 뜻입니다. 그러므로 우리는 늦기 전에 지금 일어나야 합니다.

왜 우리가 지금 일어나야 합니까?

첫째 우리의 구원이 처음 믿을 때보다 더 가까워졌기 때문이고,

둘째 심판의 때가 가까웠기 때문입니다.

우리의 구원이 처음 믿을 때보다 가까웠다는 말은 주님의 재림의 때가 가까웠다는 뜻입니다. 이것은 바로 지금이 말세라는 말입니다.

(2) 빛의 갑옷을 입을 때

어두움의 일을 벗고, 빛의 갑옷을 입을 때입니다(12).

어두움의 일이란 인간이 어둠 속에서 몰래 행하여 비밀리에 붙이고 싶은 일들을 말합니다. 남에게 알려지기를 원치 않는 일은 다 어두움의 일입니다. 부끄러운 일들이 어두움의 일입니다. 이런 것을 스캔들이라고 합니다. 이런 일들은 여러 곳에서 다양하게 일어납니다. 그러므로 이런 것들을 버리고 빛의 갑옷을 입으라고 했습니다. 빛의 갑옷이란 의의 갑옷을 말합니다. 하나님의 갑옷을 말합니다.

(3) 단정히 행해야 할 때(13).

'단정히'란 말은 품위가 있다, 적절하다, 고결하다는 뜻입니다. 13절의 본문에 보면 성도들이 영원히 버려야 할 다섯 가지의 죄를 지적하고 있습니다.

첫째 방탕(무절제한 삶)

둘째 술 취함

셋째 음란(성적인 부도덕, 혼외의 관계)

넷째 호색(과도한 정욕을 추구함)

다섯째 쟁투(명예를 위한 다툼)

여섯째 시기(시샘하는 마음, 지위와 성공을 질투의 시선으로 보는 태도)라고 했

습니다. 이것을 버리는 것이 단정히 행하는 것입니다.

(4) 육신의 일을 도모하지 말아야

예수 그리스도로 옷 입고, 정욕을 위하여 육신의 일을 도모하지 말아야 할 때입니다.

여기서 두 가지를 지적하고 있습니다.

첫째 예수님이 우리의 옷이 된다는 것입니다. 이 말은 예수님이 옷처럼 우리들을 보호해주시고, 부끄러운 부분을 가려주시고, 따뜻하게 해주시고, 숨겨주시고 아름답게 해주신다는 뜻입니다

둘째 우리는 육신의 일을 도모하지 말아야 합니다. 육체와 정욕에 굴복하지 말아야 합니다.

지나치지 말라

(전7:15-18)

'과유불급'이라는 말이 있습니다. 지나친 것은 모자란 것만 못하다는 뜻입니다. 본문에도 지나치게 의인이 되지 말고, 지나치게 지혜자도 되지 말고, 지나치게 악인이 되지도 말라고 했습니다. 이것을 다른 말로 하면 '중도'입니다. 좌로나 우로나 치우치지 않는 것입니다.

1. 왜 지나치지 말라고 했나?

(1) 전체를 보지 못하기 때문

우리는 전체를 보지 못하고 항상 부분만 보기 때문입니다.

그것을 잊을 때가 있습니다. 좀 많이 보고, 적게 보는 경우는 있지만 아무도 전체를 보지는 못하기 때문에 우리들은 지나치지 말아야 합니다.

(2) 판단할 능력이 부족하기 때문

우리 인간은 무엇이 옳은지 판단할 능력이 부족하기 때문입니다.

진리란 다수결도 아니고, 나의 생각만도 아닙니다. 오직 하나님만이 판단하실 수 있기 때문에 우리들은 지나치지 말아야 합니다.

(3) 균형을 잃지 않게 하려고

지나칠 때에는 균형을 잃게 되어 다시 돌이키기가 어렵기 때문입니다.

모자라는 것은 채우면 됩니다. 그러나 지나친 것은 교만에 빠져서 돌이키기가 어렵기 때문입니다. 돌이키는 것은 자존심도 상하고, 더 힘이 듭니다.

2. 중도를 지킬 때 조심할 것

(1) 기회주의자가 되지 말아야

기회주의와 치우치지 않는 중도의 입장은 전혀 다른 것입니다. 지난 번 선거에서 자민련이 거의 망했습니다. 왜 그럴까요? 이유는 중간에서 기회주의적인 입장을 취했기 때문입니다. 자기 나름대로의 정치철학이 없었기 때문에 심지어 충청도 사람들에게서도 버림을 받은 것입니다.

(2) 중도만 옳은 것은 아님

항상 중도만이 옳은 것은 아닙니다. 옳은 것과 틀린 것이 분명한 경우에는 중도의 입장을 취해서는 안 됩니다. 분명한 입장을 취해야 합니다.

3. 지나치지 않기 위해서 해야 할 것

(1) 편견

나의 편견이 들어가지 않도록 해야 합니다.

(2) 고정관념

나의 고정 관념을 버려야 합니다.

(3) 전부가 아님을 인식

나의 생각은 일부일 뿐 전부는 아닌 것을 깨달아야 합니다.

(4) 균형과 묵상

균형 잡힌 삶이 하나님께서 원하는 것이기 때문에 우리는 항상 하나님의 말씀을 묵상하며 연구해야 합니다.

지혜가 권좌보다 낫다

(전4:13-16)

구약에는 지혜문학에 속한 책이 세 권 있습니다. 첫째 욥기, 둘째 잠언, 셋째 전도서입니다. 잠언은 실제적이고, 긍정적인 지혜서입니다. 반대로 욥기와 전도서는 아주 사색적이고, 철학적인 책입니다. 욥기와 전도서를 비교해 보면 전도서가 더 인생의 깊은 것을 가르쳐 주고 있습니다. 그래서 중요한 것은 항상 전체적으로 살펴야지 그렇지 않으면 비관주의나 염세주의에 빠지기 쉽습니다.

1. 이 말씀이 주는 교훈

(1) 권력보다 지혜

권력보다 지혜를 소유한 사람이 더 낫다는 것입니다.

(2) 지혜로 후세에 남아야

현재 중심의 바람을 잡는 생활보다는 지혜로 후세에 남을 일을 하는 것이 지혜로운 삶이라는 것입니다.

(3) 지혜는 진주보다 나음

보다 나은 생활은 지혜 없이는 안 되기 때문에 잠 8:11절의 말씀처럼 "대저 지혜는 진주보다 나으므로 무릇 원하는 것을 이에 비교할 수 없음이니라"고 했습니다.

2. 참된 지혜를 얻는 비결은?

(1) 영안이 밝아야

앞에서도 보고, 뒤에서도 보고, 옆에서도 보아야 하지만 가장 중요한 것은 위에서 보는 눈을 길러야 합니다.

(2) 전체적으로 보아야

부분적으로 보는 것이 아니라 전체적으로 보아야 지혜가 생깁니다.

(3) 말씀 중심의 사고

항상 말씀 중심의 사고가 필요합니다.

3. 실천적 지혜의 삶은 어떻게 얻나?

(1) 묵상기도

묵상 기도를 많이 해야 합니다.

(2) 큐티를 통해서

큐티를 통해서 성경을 생활에 적용하는 훈련이 필요합니다.

(3) 역지사지

예수님이 나의 입장에 있다면 어떻게 하였을까를 생각하여 판단하여야 합니다.

지혜로운 삶

(잠22:7-16)

인간이 만물의 영장이 되는 것은 지혜가 있기 때문입니다. 힘이 제일 강한 것도 아니고, 빠르기 때문도 아닙니다. 그렇다고 새들처럼 날아다니지도 못하고, 물고기처럼 물에서 헤엄을 치는 것도 아닙니다. 그러나 인간에게는 지혜가 있습니다.

행복도 지혜가 있어야 하고, 승리하는 것도 지혜가 있어야 하고, 성취하는 것도 지혜가 있어야 합니다. 그러면 지혜로운 삶은 무엇입니까? 잠언은 우리들에게 지혜가 무엇이며 어떻게 지혜를 얻을 수 있으며 지혜로운 삶은 구체적으로 무엇인가를 가르쳐줍니다. 오늘은 그 비결을 찾아보도록 하겠습니다.

1. 빚 지지 않고 살아야(7절)

빚을 지면

① 그 사람의 종이 되고, 항상 마음이 무겁고,

② 제 날짜에 갚지 못하면 법적인 책임을 져야 합니다.

③ 빚은 계속 이어지는 습성이 있습니다. 최근 신용불량자의 문제가 사회적 문제가 되고 있는데, 빚이란 연속성이 있기 때문입니다.

2. 악을 뿌리지 말아야(8절)

악을 뿌린다는 말은 계속적으로 악을 저지르는 것을 말합니다.

① 놀라운 것은 잡초는 뿌리지 않아도 계속 납니다.

② 그러므로 계속적으로 잡초는 뽑아 주어야 합니다.

③ 공간을 남겨두지 말아야 잡초가 나지 않습니다.

④ 공간을 그냥 두면 잡초인 악이 나기 때문에 그곳에 선을 심어야 합니다.

3. 선한 눈을 가져야(9절)

우리말에 '개 눈에는 똥밖에 안 보인다'는 말이 있습니다. 그러므로 우리는 선한 눈을 가져야 선한 것이 보입니다. 부정적인 사람에게는 항상 부정적인 것만 보이고, 긍정적인 사람에게는 긍정적인 것만 보이기 때문입니다.

4. 정결을 사모해야(11절)

정결을 사모하는 사람은

① 회개하는 삶을 삽니다.

② 십자가 앞에서 십자가만 바라보면서 삽니다.

③ 말씀의 물로 씻고 주님의 보혈로 목욕합니다.

인간은 가만히만 있으면 그냥 더러워집니다. 그렇기 때문에 정결을 사모하지 않으면 금방 더러워지는 것입니다. 우리가 매일 새벽마다. 기도의 제단을 쌓는 것은 바로 그런 이유 때문입니다.

5. 신령한 지식을 구하여야(12절)

① 지식이 없으면 미신에 빠지기 쉽고, 헛된 길로 가기 쉽습니다.

② 지식이 없으면 뼈대 없는 신앙이 되기 쉽습니다.

③ 정보화의 시대에는 지식이 중요하기 때문에 우리는 신령한 지식을 구해야 합니다.

6. 이익만 추구해서는 안 됨

사람은 누구나 이익을 추구합니다. 그래서 다투기도 하고, 수고합니다. 이익은 참 좋은 것입니다. 우리가 경건하게 사는 것도 사실은 이익이 되기 때문입니다. 그러나 이익이 근본적이 되면 부정하기 쉽고, 거짓되기 쉽습니다. 그러므로 이익이 결과가 되는 것은 좋지만 근본목적이 되면 불의하기 쉽습니다.

맺는말

이제 설교를 맺으려고 합니다. 오늘 본문은 지혜의 삶을 아주 구체적으로 말씀하고 있습니다. 너무 상식적인 것이기도 하지만 사실 진리는 먼 곳에 있는 것이 아닙니다. 바로 가까이에 있습니다.

바라기는 잠언의 말씀처럼 지혜롭게 사는 성도들이 다 되시기를 축원합니다. 그래서 하나님께는 영광, 자신에게는 행복이 되기를 축원합니다.

지혜로운 삶은?

(잠28:21-28)

잠언의 핵심은 지혜입니다. 오늘 본문을 보면 지혜로운 삶에 대해서 말씀하고 있습니다. 지혜로운 삶을 크게 네 가지로 말씀하고 있는데 바라기는 우리 모두가 지혜로운 삶을 통해서 하나님께는 영광, 우리 자신은 참으로 행복한 성도들이 다되시기를 축원합니다.

1. 바른 판단력이 지혜로운 삶(21절)

지혜란 넓은 의미에서는 하나님을 경외하고 그의 말씀을 순종하는 것이고, 좁은 의미에서 말할 때는 옳고 그른 것을 판단하는 능력을 말합니다.

하나님께서는 이 판단력을 위해서 양심이란 것을 우리들에게 주셨습니다. 그런데 문제는 이 양심이 부패하여져서

(1) 양심의 부패

사람의 낯을 보아주는 것입니다. 아는 사람은 보아주고, 모르는 사람에게는 불리하게 하는 것이 바로 양심의 부패입니다.

(2) 떡을 인하여 법을 어김

또 한 조각 떡을 인하여 법을 어기는 것입니다. 대표적인 사람이 바로 에서였습니다.

2. 재물관이 바로 된 사람(22절)

많은 사람들은 재물을 인생의 목적으로 착각합니다. 그러나 그것이 아닙니다.

(1) 하나님의 뜻을 이루기 위한 수단

재물은 단순히 하나님의 뜻을 이루기 위한 수단일 뿐입니다.

(2) 우리는 재물의 관리인

우리는 재물의 주인이 아니라 재물의 관리인입니다. 그러므로 재물의 주인이 되신 하나님의 뜻에 따라 재물을 관리하고, 재물을 사용해야 합니다. 그것이 청지기 정신이고 바른 재물관입니다.

3. 아첨과 탐하지 않음

아첨과 탐하지 않는 사람, 자기 마음을 믿지 않는 사람이 지혜로운 삶입니다(23-24절).

다른 말로 하면 하나님 앞에서의 삶을 사는 사람이 지혜로운 사람입니다. 그러므로 우리는 오늘도 나는 지금 누구 앞에서 살고 있는가를 살펴보아야 합니다.

4. 지혜로운 삶은 구제하는 자(27절)

왜냐하면

① 구제는 하나님이 기뻐하는 삶이고,

② 구제는 천국에 저축하는 것이고,

③ 구제는 바로 경건의 표현이고,

④ 구제는 진정한 사랑이기 때문입니다.

맺는말

잠언에 기록된 지혜는 아주 평범하면서도 실생활과 관련된 것입니다.

그러므로 우리는 지혜로운 삶을 위해서 먼저 바른 판단력을 가지기를 바랍니다.

나는 재물의 주인이 아니라 관리자라는 것을 꿈에도 잊지 말고, 나중 천국에 갔을 때에 '착하고 충성된 종아'라는 칭찬을 받아야 할 것입니다. 또 하나님 앞에서의 삶을 살고, 구제하는 삶을 사는 참 지혜로운 삶이 되기를 축원합니다.

지혜로운 입술

(잠 10:14-24)

인간의 입술은 참으로 신비합니다. 다른 동물도 입술이 있지만 그 입술로 말을 하는 동물은 없습니다. 개를 보면 입술로 사랑을 표현하여 새끼들을 입으로 빨아주는 것을 볼 수 있습니다. 그러나 짖고 감정을 표현하기는 하지만 말을 하면서 문화를 만들어가는 동물은 없습니다. 인간의 입술은 음식이 들어가는 것만 하는 것은 아닙니다. 창세기에 보면 여호와께서 말씀하시매 그대로 되었다는 기록이 나옵니다. 말씀의 능력을 말한 것입니다. 인간의 말도 능력이 나타나서 말을 통해서 위로도 받고, 사랑도 표현하고, 일도 시키고, 아름다운 예술을 창조하기도 합니다. 이처럼 인간의 말에는 능력이 있습니다.

1. 입술을 잘 사용하면

14절 "지식을 간직하거니와", 지혜로운 입술은 하고 싶은 말을 다 하는 것이 아닙니다. 인간의 지식은 입술을 통해서 표현됩니다. 인간의 뇌 속에 지식을 저축해 놓지만, 그것을 사용하는 것은 바로 입술입니다. 16절에 보면 이 간직해놓은 지식은 생명에도 이르고 죄에도 이른다고 했습니다. 그래서 입술을 잘 사용하면 성공도 하고, 축복받고, 행복도 오지만 잘못 사용하면 저주를 받을 수 있습니다.

2. 참소하지 않는 입술

지혜로운 입술은 18절에 나오는 "참소하는 입술"이 아닙니다. 참소란 남을 중상하는 것을 말합니다. 참 세상은 무섭습니다. 무고히 남을 중상하는 사람들이 많습니다. 심지어 교회 안에서도 남을 중상하는 사람들이 있습니다.

3. 제어할 줄 아는 입

19절에 보면 지혜로운 입술은 제어할 줄 아는 자입니다. 자동차에 보면 앞으로 가게 하는 가속기와 정지하게 하는 제동장치가 있어서 속도를 조절합니다. 그런데 입술에는 이런 장치가 없습니다. 그래서 쓸데없는 말을 할 때가 많습니다.

그러나 지혜로운 사람은 침묵할 때 침묵할 줄을 아는 사람입니다. 그래서 침묵은 금이라고 한 것입니다.

4. 의인의 혀

20절에 보면 "의인의 혀"라고 했는데 혀는 누구나 같지만, 그러나 그 사람의 인격에 따라 나오는 내용이 다릅니다. 그래서 하나님과의 관계가 바로 된 의인이 되어야 바로 사용할 수가 있습니다. 제가 설교학을 가르칠 때 강조하는 것은 '좋은 설교자가 되어야 좋은 설교를 하는 것이지 좋은 자료만 있다고 되는 것은 아니다.'라는 말을 자주 합니다. 즉 사람이 바로 되어야 혀가 바른 기능을 한다는 말씀입니다.

5. 학자의 혀

21절에 "여러 사람을 교육하나" 지혜로운 사람의 입술은 여러 사람을 교육합니다. 이것을 이사야 50:4절에서는 '학자의 혀'라고 했습니다. 이런 혀를 가져야 자녀교육도 잘할 수 있고, 대인관계도 잘할 수 있습니다.

6. 복 받은 입술

22절에 보면 "여호와께서 복을 주시므로"라고 했습니다. 누가 여호와의 복을 받은 자입니까? 말하는 것마다 24절의 말씀처럼 "원하는 것이 이루어지느니라." 이런 입술이 복이 있는 입술이고, 지혜로운 입술입니다.

맺는말

세상에는 어리석은 입술이 많습니다. 그러나 우리는 지혜로운 입술이 되어야 합니다. 누가 지혜로운 입술을 가진 자입니까? 하나님과의 관계가 바로 된 사람의 입술입니다. 참소하지 않고, 입술에 제동장치가 있어서 함부로 말하지 않는 입술입니다. 말하는 것마다 이루어지는 능력을 가진 입술입니다. 그런 지혜로운 입술을 다 가지시기를 축원합니다.

지혜를 사랑하면

(잠4:1-9)

많은 부모들은 자녀들에게 "이것도 하지 말고, 저것도 하지 말라"는 말로 온통 규율로 자녀들을 묶어놓고 있습니다. 그러나 본문은 한 가지를 말합니다. "지혜를 사랑하라." 사실 솔로몬이 성공한 것도 지혜 때문이었습니다.

오늘의 요절은 6절입니다. 두 가지 내용으로 되어 있습니다. 부정적 교훈과 긍정적 교훈입니다. 부정적 교훈은 "지혜를 버리지 말라"는 것과 긍정적 교훈은 "그(지혜)를 사랑하라"는 것입니다.

1. 버려야 할 것

지금 사는 넓은 아파트를 떠나 일산의 19평짜리 오피스텔로 이사를 가려고 하니까 침대, 냉장고, 책상 등 대부분의 살림살이를 버려야 하는 아픔이 있었습니다. 가져가는 것은 약간의 옷과 컴퓨터와 책들과 약간의 이불이 전부였습니다.

그러나 이것도 천국으로 이사를 갈 때는 다 버리고, 수의 하나만 걸치고 간다는 것을 생각하면서 우리가 너무 많은 욕심을 가지고 살고 있는 것을 깊이 깨닫게 되었습니다.

과연 우리가 버려야 할 것은 무엇인가요?

(1) 청소

쓰레기와 오물입니다.

(2) 욕심, 시기, 질투, 미움, 과거의 원한

내 안에 있는 욕심, 시기, 질투, 미움, 과거의 원한은 버려야 합니다.

(3) 미움의 잔재

관계 속에서 맺어진 미움의 잔재들

2. 그(지혜)를 사랑하라(6절)

왜? "너를 지키리라"(6절).

우리는 불나방처럼, 죽을 줄 모르고 위험에 뛰어듭니다. 안타까운 것은 사소한 일에 일생을 걸고, 생명을 거는 일입니다. 그래서 우리에게는 지혜가 필요합니다. 그러므로 다른 것은 몰라도 지혜만은 절대로 버려서는 안 됩니다.

3. 그(지혜)를 높이라(소중히 여기라)

인간은 다 소중히 여김을 받기를 원합니다. 그러나 그것은 남들을 소중히 여길 때 옵니다. 또 지혜를 소중히 여길 때 옵니다. "그가 너를 영화롭게 하리라"고 약속했습니다.

4. 어떤 지혜를 가져야 하나?

(1) 엄벙덤벙 20년, 이것저것 20년, 아차아차 20년

시 90:12절 "우리에게 우리 날 계수함을 가르치사 지혜의 마음을 얻게 하소서." 인생이 팔십이라도 잠자는 것과 노는 것과 준비하는 것들을 다 빼고 나면 정말 우리가 사는 인생은 25년 정도밖에 안 된다고 합니다. 엄벙덤벙 20년, 이것저것 20년, 아차아차 20년 이렇게 빨리 지나가는 인생인데 왜 사소한 일에 생명을 거나? 왜 남을 미워하며 인생을

소비하나? 왜 헛된 일에 시간을 보내나? 그러므로 먼저 날 계수하는 지혜를 가져야 합니다.

(2) 허탄한 욕심을 버리고

헛된 일에 빠져 방황하지 말고, 후회 없는 인생을 사는 것이 지혜입니다. 우리 주변에는 하나님께서 주신 많은 즐거움들이 있습니다. 그것을 누릴 줄 알아야 합니다. 먹으며 대화를 나누는 기쁨, 자녀들과 함께 노는 기쁨, 부부가 함께 손잡고 바닷가를 걷는 기쁨, 조용히 해가 지는 모습을 보는 기쁨 등.

(3) 작은 일에 충성하고

변변치 않은 작은 일이 큰일을 만드는 것을 기억하고 항상 작은 일에 성실하고, 최선을 다하라. 전 10:1절(표준 새번역) "향수에 빠져 죽은 파리가 향수에서 악취가 나게 하듯이 변변치 않은 작은 일 하나가 지혜를 가리고, 명예를 더럽힌다."

(4) 가정은 최고의 학교

5월은 가정의 달인데 가정은 행복을 만드는 공장이요, 행복을 가르치는 학교요 행복을 훈련시키는 훈련장입니다. 그러므로 가정을 소중히 여겨야 합니다. 가정을 떠난 행복은 없습니다. 참 아름다운 가정은 믿음이 뿌리를 내린 가정이므로 신앙생활을 정규적으로 합니다.

찌르는 채찍

(전12:9-10)

1. 사람에게는 누구나 채찍과 당근이 필요함

채찍에는 많은 종류가 있습니다. 그러나 채찍만으로는 안 되고, 당근이 꼭 필요합니다.

(1) 지옥의 심판

채찍의 종류 중에 가장 무서운 것은 지옥의 심판입니다.

그것 외에도 질병과 실패와 고난의 채찍이 있습니다. 본문에는 지혜의 말씀을 채찍이라고 했습니다. 그것은 하나님께서 주시는 경고의 말씀을 하실 때입니다.

(2) 중요한 것은 당근

사람들은 동기부여가 될 때에는 열심히 하지만 그렇지 않을 때에는 형식적으로 할 때가 많습니다. 공산주의 나라에서 사람들이 열심히 일은 하는데 결과가 나쁜 것은 일을 해야 하는 동기부여가 되어 있지 않기 때문입니다. 이윤이든 상급이든 훈장이든 있어야 합니다.

2. 스승의 말씀은 잘 박힌 못과 같음

11절에 "스승의 말씀은 잘 박힌 못과 같으니"라고 했습니다.

못은 어디에 있느냐에 따라 옷을 찢는 방해꾼이 되기도 하고, 사람들을 불편하게 만드는 것이 되기도 합니다. 그러나 좋은 곳에 있으면 기둥과 서까래를 연결시켜 집을 세우기도 하고, 책상이나 걸상 같은 것을 만들기도 합니다. 건축에는 못이 절대적으로 필요합니다. 연결시키는 역할을 하기 때문입니다. 우리에게 하나님의 말씀은 잘 박힌 못과 같아야 합니다.

3. 이상한 말씀

12절에 참 이상한 말씀이 나옵니다.

여러 다른 책에서 인생의 해답을 찾으려고 애쓰지 말라고 했기 때문입니다. 책이란 끝이 없고, 공연히 몸을 피곤하게 할 뿐이라고 했습니다. 이것은 세상 공부를 하지 말라는 것이 아닙니다. 그러나 인생의 근본적인 것은 다 성경에 있습니다. 그것을 무시하지 말고 성경에서 인생에 필요한 생명의 양식을 찾으라는 말씀입니다.

참 만족은?

(전5:10-12)

인간에게는 참 만족이 있어야 합니다. 왜냐하면 행복은 참 만족에서 오기 때문입니다. 그러나 문제는 많은 사람들이 참 만족이 아닌 거짓 만족에 빠져서 사는 것입니다.

1. 참 만족이 아닌 것은 무엇인가?

(1) 돈

돈에 참 만족이 없습니다. "은을 사랑하는 자는 은으로 만족함이 없고"(10절)라고 했습니다. 돈이란 좀 어려운 말로 하면 방편적 수단이고, 목적이 아니기 때문입니다. 돈을 벌면 돈의 속성상 또 다른 돈을 추구하게 되어 있습니다.

(2) 참 만족이 없음

소득의 풍부함에도 참 만족이 없습니다.

"풍부를 사랑하는 자는 소득으로 만족함이 없나니 이것도 헛되도다"(10절). 왜 그럴까요? 그것은 인간의 욕심은 끝이 없기 때문입니다.

(3) 배가 불러도 만족이 없음

배부름으로도 만족이 없다는 것입니다.

돼지는 배부르면 그만이지만 인간은 그것이 기본일 뿐 그것이 채워지면 또 더 높은 질적인 삶을 찾게 되어 있기 때문입니다.

(4) 음부와 유명

잠29:20절에 "음부와 유명(멸망의 구덩이)은 만족함이 없고 사람의 눈도 만족함이 없느니라"고 했습니다.

음부와 멸망의 구덩이가 만족을 모르듯 사람의 눈도 만족을 모른다는 말입니다. 왜냐하면 눈은 이리저리 굴러가듯이 보는 것도 굴러갑니다. 하나만 보는 것이 아닙니다. 집을 사고, 나면 살림을 사고 싶고, 살림을 사고 나면 자동차를 사고 싶고, 또 새로운 것이 나면 새로운 것을 사고 싶고, 끝이 없다는 말입니다.

2. 참 만족은 어디서 오는가?

(1) 자족할 줄 알 때

환경에 지배되지 않는 마음가짐에서 옵니다.

히 13:5절에 "있는 바를 족한 줄로 알라".

딤전 6:8절에 "우리가 먹을 것과 입을 것이 있은즉 족한 줄로 알 것이니라".

빌 4:11절에 "내가 궁핍함으로 말하는 것이 아니라 어떠한 형편에든지 내가 자족하기를 배웠노니"라고 했습니다. 그러므로 우리는 자족하는 비결을 배워야 합니다.

(2) 주어진 것에 만족

위에서 주시는 것이면 참 만족이 됩니다.

약 1:17절에 "각양 좋은 은사와 온전한 선물이 다 위로부터 빛들의 아버지께로서 내려오나니"라고 했습니다.

(3) 감사하는 마을 가질 때

모든 일에 감사하는 마음을 가지면 만족이 옵니다.

살전 5:18절에 "범사에 감사하라 이는 그리스도 예수 안에서 너희를 향하신 하나님의 뜻 이니라"고 했습니다.

3. 참 만족을 누리는 실제적인 비결은?

(1) 겸손히 받음

하나님께서 주시는 것을 겸손하게 받으면 됩니다.

(2) 받고 가사드림

받은 후에는 감사하면서 살면 됩니다.

다른 말로 하면 작은 것에 만족할 줄 모르는 사람은 큰 것에도 만족을 누리지 못합니다.

(3) 있는 것으로 만족

있는 것을 족한 줄로 아는 일체의 비결을 배워야 합니다(빌4:11-12).

참 만족의 비결

(빌4:10-23)

인간은 항상 만족을 추구합니다. 그러나 거짓 만족이 있고, 참 만족이 있습니다. 거짓 만족은 아편처럼 당장은 기쁨을 주지만 얼마 있으면 더 갈증을 느끼는 그런 만족입니다. 그러면 참 만족은 어떻게 이룰 수가 있습니까?

1. 주 안에서 기쁨을 찾아야

주 안에서 기쁨을 찾아야 합니다. 왜냐하면 환경에 관계없이 자족할 수 있기 때문입니다. 밖에서 찾으면 거짓된 기쁨에 속습니다. 세상의 기쁨은 잠정적인 기쁨이요 때가 묻은 기쁨이기 때문입니다. 또 이 기쁨은 비가 온 후에 새싹이 나는 것처럼 무럭무럭 자라납니다.

2. 능력 주시는 주 안에서 행함

능력 주시는 주 안에서 모든 것을 할 때 그 일을 성취할 수 있고 이때에 참 기쁨이 주어집니다(13절).

3. 올바른 헌금 생활을 할 때

헌금은 두 가지의 결과를 가지고 옵니다.

첫째는 성도들에게 천국 저축이 되고 하나님께 상을 받게 되는 유익이 됩니다.

둘째는 많은 열매를 맺게 합니다. 교회성장의 열매, 구제의 열매, 선
교의 열매, 전도의 열매 등.

4. 성도의 참된 헌금의 의미

(1) 받으실 만한 제물이 됨

헬라어의 원문에는 향기로운 제물을 수식하는 말이 아니라 구분된 구
절로 되어 있습니다. 받으실 만한 제물이란 흠 없는 제물을 말합니다.
즉 하나님은 온전한 희생을 요구하십니다.

(2) 향기로운 제물이 됨

증거궤 앞에 향단이 있었습니다. 아침과 저녁으로 향을 살랐습니다
(출30:7-8). 그런데 신약시대에는 기도를 향이라고 하였습니다(계5:8;
8:3-4). 본문에서는 헌금과 봉사를 향으로 표현하고 있습니다.

(3) 하나님을 기쁘시게 함

성경에서는 청지기로서의 사명을 감당하는 것을 하나님이 기뻐하신
다고 하였습니다. 놀라운 것은 초대교회에서는 각 사람의 필요에 따라
나눠주었습니다(행2:44-45). 삭개오가 회개하고 제일 먼저 한 것은 자신
의 재물을 나눠주는 일이었습니다(눅19:8). 구약 성경에 보면 엘리야를
대접한 사르밧 과부에게 하나님께서는 왕상 17:14절에 "이스라엘 하나
님 여호와의 말씀이 나 여호와가 비를 지면에 내리는 날까지 그 통의
가루는 다하지 아니하고 그 병의 기름은 없어지지 아니하리라"고하셨습
니다.

참 행복과 만족은?

(잠27:23-27)

1. 나의 목회철학

이 구절은 저의 목회철학의 하나입니다. 이 구절은 두 가지를 말씀하고 있습니다.

첫째 목회는 양떼의 형편을 부지런히 살피는 데 있다는 것입니다. 사실은 일반 사업도 마찬가지입니다. 이 세상의 모든 것은 항상 주식처럼 변하기 때문에 항상 부지런히 살펴야 합니다. 그러나 많은 사람들은 쓸데없는 것만을 살핍니다. 정치적 분위기를 살피고, 자기의 은행잔고를 살피고, 남의 기분과 생각을 살핍니다. 물론 몰라서 나쁠 것 없지만, 그러나 가장 중요한 것은 나에게 맡겨주신 양떼의 형편을 살펴보아야 합니다. 병든 양은 없는가? 우리에 없는 양은 없는가? 모든 양들이 다 건강한가? 등등.

둘째 소 떼에 마음을 두라고 했습니다. 그러나 사람들은 수입에 마음을 두고, 값에 마음을 두고, 부자 되는 것에 마음을 둡니다. 그러나 우리의 마음을 양과 소 떼에 두라고 했습니다. 솔직히 수입이나 부자 되는 것은 결과이지 삶의 목적이 될 수는 없습니다.

여기서 양 떼를 부지런히 살핀다는 것은 무엇을 말하나요? 한 마디로 말하면 사명감을 가지고 일하는 것을 말합니다. 맡겨진 일에 충성을 다 하는 것을 말합니다.

2. 언제 행복과 기쁨이 오나?

가장 큰 행복과 기쁨은 자신이 사명감을 가질 때 옵니다.

(예화) 요셉이 가졌던 마음이 바로 사명감입니다. 창 45:5, 8절.

3. 인간의 참 만족과 행복은 어디서 오는가?

(1) 참 만족이 아닌 것은?

전 15:10절, "은을 사랑하는 자는 은으로 만족함이 없고, 풍부를 자 랑하는 자는 소득으로 만족함이 없나니 이것도 헛되도다." 물질만으로 는 참 만족이 없다는 것입니다.

(2) 참 만족을 주는 것은?

크게 두 가지만 말씀드리겠습니다.

첫째는 위에 말한 대로 사명감이 있을 때 참 만족과 행복이 옵니다.

둘째는 성령 충만하고, 하나님의 은혜 안에서 살 때에 참 만족과 행 복이 옵니다.

렘 31:14절 "내가 기름으로 제사장들의 심령에 흡족케 하며 내 백성 에게 만족케 하리라." 성령의 기름(충만)과 하나님의 은혜로 흡족케 되고 만족케 된다는 것입니다.

맺는말

우리는 다 행복과 기쁨의 삶을 원합니다. 그러면 언제 참 행복과 기 쁨이 있습니까? 가장 중요한 것은 사명감을 가지고 살 때이고, 다음은 성령 충만하고 하나님의 은혜 안에서 살 때입니다. 그런 삶을 살기를 주님의 이름으로 축원합니다.

채울 수 없는 것

(전6:7-12)

사람은 무언가를 열심히 채우려고 합니다. 오늘 본문은 눈에 보이지 않는 공간, 즉 심령의 그릇을 채워야 할 것을 말하고 있습니다. 심령에 믿음과 소망과 사랑으로 채워야 하고 그리스도로 채워야 참 행복을 누릴 수 있습니다.

1. 인간이 채울 수 없는 그릇

(1) 본능의 그릇

'본능의 그릇'은 인간이 죽을 때까지 아무리 채워도 차지 않습니다(7절).

인간은 살아 있는 동안 아무도 본능의 그릇을 채울 수 없습니다. 인간의 수명과 함께 끝이 나기 때문입니다. 그러므로 본능의 그릇은 생명이 다하는 날까지 계속될 것입니다.

(2) 보는 것도 차지 않음

9절에 보면 '보는 것도 차지 않는다'고 했습니다.

아무리 좋은 것과 많은 것을 보아도 참 만족은 없습니다. 차지 않았기 때문입니다. 그러면 언제 참니까? 영원히 눈을 감을 때 차게 될 것입니다.

(3) 승리도 만족을 채우지 못함

경쟁에서의 '승리'도 만족할 만큼 채우지 못합니다(10절).

세상에는 나보다 강한 자가 반드시 있기 때문입니다. 그래서 챔피언이 되기보다는 그것을 지키는 것이 더 어렵다고 했습니다.

(4) 헛된 일을 더하려 해도 못 채움

11절에 보면 '헛된 일을 더하게 하는 일'도 채우지 못한다고 했습니다.

여기서 말하는 헛된 일이란 세상의 모든 것을 다 종합하여 말한 것입니다. '우상숭배'나 '부의 축적'이나 '유명해지는 것'이나 다 헛된 일입니다.

2. 채울수록 행복해지는 것

그러나 인간이 채울 수 있고, 또 채워야 행복해지는 것이 있습니다.

(1) 믿음 소망 사랑

믿음과 소망과 사랑은 심령에 채울수록 행복해집니다.

왜냐하면 천국이 그에게 임하기 때문입니다.

(2) 성령 충만

성령과 말씀은 우리의 영혼 속에 채울수록 능력이 생기고 행복해집니다.

(3) 지혜

지혜는 많이 배울수록 힘이 생기고 행복해집니다.

(4) 감사

감사는 심령의 그릇에 채울 수 있고, 채우는 만큼 행복과 기쁨이 있습니다.

사람들은 채울 수 없는 것으로 채우려고 몸부림치다가 끝나고 맙니다. 그러나 우리들 누구나 쉽게 채울 것이 있습니다.

첫째 믿음, 소망, 사랑입니다.

그러면 바른 신앙생활을 하게 될 것입니다.

둘째 성령과 말씀입니다.

그러면 능력 있는 삶을 살게 될 것입니다.

셋째 지혜입니다.

그러면 바른 판단력이 생기고, 승리하는 삶을 살아가게 될 것입니다.

넷째 감사입니다.

그러면 기쁨이 충만하게 되고, 행복이 넘치게 됩니다.

책망과 칭찬

(잠9:7-9)

　최근에 칭찬이 책망보다 얼마나 더 효능이 있는가에 대한 연구가 여러 분야에서 진행되고 있습니다. 「칭찬은 고래도 춤추게 한다」는 책이 저에게 큰 충격을 주었습니다. 고래 종류는 약 100가지 정도 되는데 우리가 알고 있는 것은 작은 돌고래와 큰 범고래 정도입니다. 그런데 놀라운 것은 플로리다의 올란드에 가면 Sea World에 고래 쇼가 아주 유명하고 재미있습니다.

　그중에서도 범고래는 몸무게도 엄청나지만 높이뛰기를 하는 것을 보면 정말 놀랍습니다. 어떻게 이 큰 범고래들을 훈련을 시켰을까? 그것은 칭찬을 통해서 훈련을 한다는 것입니다. 아니 고래가 먹이만 주면 되었지 어떻게 칭찬을 구별할 수 있는가 하는 의심이 안 생길 수 없습니다.

　고래를 훈련하는 방법은 아주 간단합니다. 먼저 물속에 끈을 매어놓고, 그 위로 가면 먹이나 칭찬을 해주고, 밑으로 그냥 지나갈 때에는 먹이를 안 준다는 것입니다. 처음에는 고래가 몰랐다가 아하 그 위로 가면 훈련사가 좋아하는구나 하고 깨닫게 된다는 것입니다.

　그리고 차츰 조금씩 줄을 높이 올리고 마침내 물 위로 올리고, 마지막에는 아주 높이 올려서 훈련을 시킵니다. 그러나 훈련에서 물고기의 먹이를 주는 것만으로는 부족합니다. 왜냐하면 여러 번 주면 배가 부르기 때문에 그 다음에는 훈련해야 할 동기가 없어집니다. 그때에 범고래를 칭찬해줍니다. 고래가 좋아하는 부위를 만져 준다든지, 사랑을 표현해주면 고래는 계속해서 훈련을 하고 마침내는 높이 나는 쇼를 하게 된다는 것입니다.

그런데 중요한 것은 이 칭찬의 방법이 사회 각층의 모든 분야에서 응용되고 있다는 점입니다. 저도 내년에는 이 고래 훈련 방법을 목회에 응용하려고 합니다.

우리는 어떤 유형의 신자가 되기를 원합니까? 적극적인 신자가 되기를 바랍니다. 성공하는 사람들은 다 긍정적이고, 적극적이기 때문입니다.

오늘의 본문 중에 8절에 보면 책망하라는 말과 책망하지 말라는 말이 나옵니다. 책망하지 말라는 말은 칭찬과 동의어입니다. 이것을 어떻게 하느냐에 따라 우리는 모든 면에서 성공도 하고 실패도 합니다.

1. 칭찬이란 무엇인가?

(1) 마음으로부터 긍정적일 때 인정함

칭찬은 부정적인 면에서 아첨이 아닙니다. 아첨이란 이익을 위해서 위선적으로 남을 높여주는 것이지만 칭찬은 마음으로부터 이유가 있을 때 그것을 인정해주는 것입니다.

(2) 긍정적으로 인정함

칭찬은 긍정적으로 말해서 인정해주는 것입니다. 따라서 칭찬을 할 때에는 까닭 없이 해서는 안 됩니다. 또 너무 많이 칭찬해서도 안 됩니다. 칭찬은 분명한 이유가 있어야 합니다. 잠언 31:30절에 보면 "고운 것도 거짓되고 아름다운 것도 헛되나 오직 여호와를 경외하는 여자는 칭찬을 받으리라"고 했습니다. 칭찬의 비결을 말씀한 것입니다.

(3) 면전에서 낯간지러운 소리는 거짓

칭찬은 좋은 것이지만 면전에서 하는 그것은 낯간지러운 것이고, 거짓된 것이기 때문에 위험한 것입니다. 그러나 이유가 분명할 때에는 많은 사람 앞에서 하는 것이 효과가 있습니다.

(4) 칭찬은 큰 유익

칭찬은 마치 태양빛이 꽃에 비치는 것처럼 큰 유익이 됩니다. 건강하고 아름답게 만드는 것입니다.

2. 책망이란 무엇인가?

(1) 인정하지 않음

책망은 인정해주지 않는 것을 말합니다.

(2) 싫어함

인간은 누구나 인정받고자 하는 본능이 있기 때문에 책망을 받을 때에는 싫어하고 좌절합니다.

(3) 부정함

책망은 마음으로부터의 협력을 얻지 못하나 칭찬은 마음으로부터의 존경과 협력을 얻게 됩니다.

책망만 받은 미지근한 라오디게아 교회

(계3:14-22)

1. 라오디게아란 이름

라오디게아란 이름은 주전 3세기경에 안티오커스 2세가 그의 아내의 이름을 따서 만든 이름입니다. 라오디게아는 브리기아의 수도로 그 규모가 대단히 컸었습니다.

2. 라오디게아 지역의 특징

라오디게아 지역은 몇 가지의 특징이 있습니다.

(1) 상업 지역

상업지역이기 때문에 은행들이 많았고 물질적으로 부요한 지역이었다는 말입니다.

(2) 안약의 생산지

특별히 이 지역에는 프리기안이라는 가루가 생산되었는데 백태에 넣으면 금방 낫는 신기한 약이었다고 합니다. 이 약은 귓병에도 좋아서 이 고약을 바르면 금방 낫기도 하였다고 합니다. 또 이곳에는 유명한 의학을 가르치는 학교가 있었고 유명한 안과 의사들이 많이 있었다고 전해집니다.

(3) 온천 지역

지금도 그곳에 가면 미국의 이엘로스톤처럼 이에라폴리스에서부터 뜨거운 물이 흘러내리는 것을 볼 수 있습니다. 특별히 히에라폴리스의 남쪽 경사지에는 '파묵칼레'(목화송이란 뜻)라 불리는 광활한 온천 지대가 펼쳐져 있습니다. 온천수에 포함된 다량의 칼슘으로 축적된 것인데 마치 목화송이로 뒤덮인 성처럼 보입니다.

(4) 양털 생산지

때문에 의류 제조업으로 유명한 곳이었습니다.

(5) 악한 것으로 유명함

악한 것으로도 유명한 곳이었습니다. 친교의 신으로 통하는 뱀 신인 아스클레피우스를 섬기는 신전이 있는 곳이었으며, 아폴로 신전과 로마 시대의 유물들이 지금도 남아 있습니다. 또 다른 소아시아처럼 쾌락을 추구하였으며, 세 개의 큰 극장과 서커스 공연장이 있었는데 3만 명을 수용할 수 있는 규모였습니다.

3. 라오디게아 교회에 대한 주님의 책망

(1) "나는 부자라"

외적인 부만을 자랑하며, 영적으로는 가난한 것을 깨닫지 못하였던 것입니다.

(2) 차든지 덥든지 하라

"네가 차든지 덥든지 하기를 원하노라"(15절).

영적 무력함을 말씀한 것으로 히에로폴리스에서 오는 뜨거운 물과 골로새로부터 오는 찬 물이 섞여서 식수로 사용하기에 부적합하였다고 합니다.

그래서 물을 마신 자들이 많이 토해냈다고 합니다.

(3) 곤고함과 가난함 알지 못함

"네 곤고한 것과 가련한 것과 가난한 것을 알지 못 하도다"(17절).

서머나 교회와는 정반대의 궁핍에 처해 있었습니다. 신앙적으로 가난하여 주님께 대한 헌신과 사랑을 바칠 수 없는 형편이었습니다. 그들의 곤고는 전쟁으로 인해 파괴되고 약탈당했을 때의 모습을 말한 것인데 라오디게아교회는 자신이 그런 모습을 가지고 있었음에도 깨닫지 못하였던 것입니다. 가련함이란 부활을 믿지 못한 사람의 비참한 상태를 묘사할 때 사용되는 말입니다(고전15:19).

(4) 눈먼 것을 알지 못함

"네 눈먼 것을 알지 못 하도다."

이 말은 영적인 분별력이 없었다는 말입니다.

(5) 벌거벗은 것을 알지 못함

"네 벌거벗은 것을 알지 못 하도다".

이 말은 도덕적 영적 부패를 깨닫지 못하고, 다만 위선적인 삶만 살고 있었다는 뜻입니다.

4. 라오디게아 교회가 사는 비결은?

(1) 연단한 금을 사야

불로 연단한 금을 사야 합니다. 벧전 1:7절의 말씀대로 금은 믿음을 의미합니다. 믿음의 부자가 참 부자인 것입니다.

(2) 흰 옷을 사야

흰 옷을 사야 합니다. 이 옷은 의의 옷, 즉 그리스도의 속죄의 옷을 의미합니다.

라오디게아의 검은 광택의 양모가 아니라 인간의 모든 죄와 허물을 덮으시는 그리스도의 속죄의 옷이 필요한 것입니다.

(3) 안약을 발라야

안약을 사서 발라야 합니다. 영계를 보는 판단력(골1:27)이 필요하다는 의미입니다. 영적 시각장애를 치료하는 데는 말씀의 안약과 주님 자신이 필요합니다.

(4) 열심을 내어야

열심을 내어야 합니다(19절). 이것이 라오디게아 교회의 미지근함을 치료하는 첫 번째의 치료법입니다.

(5) 회개해야

회개해야 합니다. 이것이 두 번째 단계로서 결정적인 치료방법입니다.

(6) 주님 음성을 듣고 문을 열어야

주님의 음성을 듣고 문을 열어야 합니다(20절). 주님의 음성을 듣고 문을 열면, 즉 이기는 자에게는 세 가지를 주시겠다고 하였습니다.

첫째 '내가 들어가겠다'고 했습니다.

둘째 '더불어 먹겠다'고 했습니다.

셋째 주님의 보좌에 함께 앉게 하여 주겠다'고 하였습니다.

처음 익은 열매

(롬16:5)

오늘의 본문은 '에베네도'에 대한 말씀입니다. 에베네도란 말은 '찬양받을 만한'이라는 뜻입니다. 그는 아시아 지역에서 처음으로 주님을 영접한 처음 익은 열매였습니다. 그 후 로마에 와서 살면서 주님께 큰 봉사를 한 사람이었습니다.

1. 첫 열매의 의미

(1) 첫 열매는 귀중한 것

출애굽기 12장에 보면 유월절 때에 애굽의 '모든 처음 난 것'을 다 치셨다고 했습니다. 왜냐하면 장자나 첫 열매나 다 귀한 것이기 때문입니다.

(2) 첫 열매는 미래에 대한 약속

고전 15:20절에 "그리스도께서 죽은 자 가운데서 다시 잠자는 자들의 첫 열매가 되셨도다"라고 했습니다. 무슨 말입니까? 예수님으로부터 부활이 시작되었다는 말입니다.

(3) 첫 열매는 생명의 증거

나무에 열매가 맺혀지면 그 나무는 살아 있다는 증거가 됩니다. 그러나 열매가 없는 나무는 병들었거나 죽은 증거입니다.

(4) 첫 열매는 축복의 증거

우리는 열매가 거저 맺는 것으로 생각하기지만 그렇지 않습니다. 자녀의 열매, 곡식의 열매, 과일의 열매는 다 하나님의 축복의 결과입니다.

2. 우리가 맺어야 할 열매

딛 3:14절에 "열매 없는 자가 되지 않게 하기 위하여"라고 했습니다.

(1) 회개의 열매(행2:38).

(2) 입술의 열매(히13:15).

하나님께서는 입술의 열매를 기뻐하십니다.

입술의 열매는 첫째가 찬양이고, 둘째가 간증이고, 셋째가 가르침이고, 넷째는 전도입니다.

(3) 의의 열매(빌1:11).

인간이 의롭게 되는 것은 믿음으로 말미암아 됩니다. 그래서 의롭다 함을 받습니다. 의는 하나님께서 주시는 열매입니다. 이 열매가 있어야 천국에 갈 수 있습니다.

(4) 봉사의 열매(벧전4:10).

"선한 청지기 같이 서로 봉사하라."

선한 봉사가 구원의 목적은 아니지만, 그러나 구원 받은 자의 마땅히 행할 일입니다.

천국시민의 특권은?

(고전 1:1-9)

성도들은 다 하나님 나라에 소속되었기 때문에 의미도 있지만 더 중요한 것은 특권이 있습니다. 그래서 바울은 이것을 하나님께 감사했습니다.

1. 풍족하므로

첫째는 5절의 말씀처럼 "풍족하므로", 천국백성은 풍성한 삶을 살 수 있습니다. 말과 지식에서 풍족하다는 것입니다. 여기에는 증거가 있습니다. 그것은 바로 그리스도의 증거입니다. 사실 본문은 번역에 약간 문제가 있습니다. 왜냐하면 좀 더 정확하게 말하면 그리스도에 관한 (about) 증거를 말하기 때문입니다. 왜 이 그리스도에 관한 증거가 중요합니까? 그것은 그리스도께서 우리들을 풍성케 하시기 때문입니다. 주님은 말씀했습니다.

"내가 온 것은 양으로 생명을 얻게 하고, 더 풍성히 얻게 하려는 것이라".

2. 책망할 것이 없는 자로

8절에 보면 "책망할 것이 없는 자로 끝까지 견고케 하시리라"고 했습니다. 이 세상에는 우리가 어디를 가든지 적이 있습니다. 그들은 우리를 흔들어 넘어지게 합니다. 가장 중요한 것은 그리스도의 날, 즉 재림

때에 하나님 앞에서 책망할 것이 없어야 합니다. 자신 있습니까? 저는 자신이 없습니다. 그러나 한 가지 믿는 것이 있습니다. 그것은 바로 주님이십니다. 주님은 날 위해 이 땅에 오셨고, 주님은 날 구원하기 위해서 십자가를 지셨습니다. 그래서 나는 내가 믿고 있는 한 모든 죄가 정결함을 받았다는 것을 믿습니다. 여러분들도 함께 이 믿음의 길에 들어서기를 축원합니다.

3. 더불어 교제케 하시는 하나님

9절에 "우리 주로 더불어 교제케 하시는 하나님은 미쁘시도다"고 했습니다. 인간은 누구와 교제하느냐에 따라 부자도 되고, 지혜로운 사람도 되고, 중요한 것은 교제하는 대상에 따라 많은 것이 변합니다. 생각도 변하고, 감정도 변하고, 생활도 변합니다. 그러므로 우리가 주 예수님과 교제케 하시는 것은 바로 우리를 돕고, 구원하고, 강하게 하여 승리케 하시려는 하나님의 목적이 있기 때문입니다. 여기서 '미쁘시다'는 말은 '신실하다', '믿을만하다'는 뜻입니다. 이 세상은 백이 좋아야 합니다. 그런데 예수님보다 더 큰 백이 있습니까? 더 좋은 백이 있습니까? 없습니다. 그러므로 천국 백성이 된다는 것은 최고의 기쁨이요 최고의 특권입니다. 이제 하나님께서 우리들로 천국백성 되게 하신 것을 감사하면서 항상 승리하는 생활을 할 수 있기를 축원합니다.

추수할 때

(요4:25-38)

1. 추수의 삼대요소

(1) 추수자가 누구냐를 아는 것

영적 추수는 물론 세상의 사업의 추수 자도 인간이 아니라 그 인간을 창조하신 하나님이십니다. 요한복음 15:1절에 "내가 참 포도나무요 내 아버지는 큰 농부라"고 했습니다.

(2) 추수의 때를 아는 것

아직 열매가 익지 않았는데 추수를 하면 큰 손실만 줍니다. 오늘 본문 35절에는 추수에 대한 주님의 견해는 우리와 다른 것을 발견하게 됩니다. 우리의 견해는 넉 달이 지나야 된다고 합니다. 그러나 주님은 지금 추수를 해야 한다고 합니다. 영적인 추수의 때는 인간은 알 수 없습니다. 주님만이 아시는 것입니다. 그러므로 오늘 아니면 내일은 추수를 할 수 없을 수도 있습니다. 전도가 그렇고, 선교가 그런 것입니다. 오늘 아니면 내일은 영원히 전도할 수 없고, 선교할 수 없을지도 모르기 때문에 오늘 해야 하는 것입니다.

(3) 추수의 방법

우리는 나 혼자서 여러 가지의 방법을 사용할 수 없습니다. 그러므로 내가 가진 것 다시 말하면 하나님이 내게 주신 것으로 하면 됩니다. 한 영혼을 주님께로 돌아오게 하는 것, 한 영혼을 구원하는 것은 실제로는 성령님이 다 하시는 것이지만 우리에게 주신 재능이나 은사를 사용하시기 때문에 내가 할 수 있는 것으로 최선을 다하면 성령님이 추수를 하시는 것입니다.

2. 추수자의 삯

일꾼에게는 누구나 삯이 있습니다. 그런데 그것은 여러 가지 형태로 주어집니다. 그러므로 우리는 수고의 삯이 금방 주어지지 않는다고 실망할 필요가 없습니다.

36절에 보면 "거두는 자는 이미 삯을 받고"라고 했습니다.

그것은 첫째로 하나님의 사역에 참여했다는 것으로 나타났습니다.

둘째로 하나님의 인정함을 받았다는 점입니다.

셋째로 믿음의 눈으로 볼 때에 아직 현실적으로는 받지 않았지만 믿음의 눈으로 볼 때에는 이미 상급을 받은 것이란 말입니다.

3. 추수 자에게 필요한 것

(1) 사명감

하나님이 나를 불러 주셨습니다. 하나님이 내게 맡겨주셨습니다. 그러므로 하나님이 함께하실 것이라는 사명감이 있어야 성공합니다. 그것이 긍정적인 사고방식입니다.

(2) 맡겨진 일에 사랑을 가져야

맡겨준 일에 대한 사랑이 있어야 의욕이 생기고 능률이 나타나는 것입니다.

(3) 인내심을 가져야

갈 6:9절에 "우리가 선을 행하되 낙심하지 말지니 피곤하지 않으면 때가 이르매 거두리라"고 했습니다. 선을 행하면서 성공하지 못하는 경우가 있는데 그것은 우리가 참고 기다리지 못하기 때문입니다.

(4) 믿음의 눈을 가져야

기도하면서도 이루지 못할 때가 있는데 그것은 믿음이 없을 때입니다.

(5) 주님께 대한 충성심을 가져야

고전 4:1-2절에 "사람이 마땅히 우리를 그리스도의 일꾼이요 하나님의 비밀을 맡은 자로 여길지어다. 그리고 맡은 자들에게 구할 것은 충성이니라"고 했습니다.

치유의 원리

(고전6:12-20)

인간의 행복은 자유를 바로 사용하는데 있습니다. 그러나 자유 중에는 정치, 경제, 집회와 결사, 이전의 자유 등이 있습니다만 가장 중요한 것은 양심의 자유입니다.

중요한 것은 자유는 하나님이 우리들에게 주신 것입니다. 그러므로 아무도 우리를 억압할 수도 없고, 우리의 자유를 뺏을 수가 없습니다. 그런데 문제는 자유에 대한 바른 개념, 자유의 본질을 바로 알지 못하고 자유를 방종과 혼동하고 있다는 점입니다. 그래서 오늘의 본문을 통해서 바울은 자유의 원리를 설명하면서 우리의 몸으로 어떻게 살아야 할 것인가를 말씀해주고 있습니다.

1. 크리스천의 자유의 원리(12절)

많은 사람들은 몸을 일반적 기능이나 자연적 본능이나 필요를 충족시키기 위해서 있는 것으로 생각하고 있습니다. 그래서 아름다움, 건강, 만족의 세 가지를 삶의 목적으로 삼고 있습니다. 일하고, 먹고, 잠자고, 사회적 활동을 하는 것이 몸의 만족과 욕구를 채우기 위해서입니다. 특별히 당시 로마는 자유가 완전히 보장된 그런 사회였습니다. 그래서 그들은 '모든 것이 내게는 가하다'고 주장을 했습니다. 그러나 그들은 방종과 자유를 혼동하고 있었습니다.

따라서 크리스천의 자유는 세상의 자유, 즉 방종과는 전혀 다릅니다. '모든 것이 가하나', 우리 성도들에게는 모든 자유가 주어졌습니다. 고기를 먹는 것이나 술을 마시는 것이나 결정은 우리가 할 수 있습니다. 그럼에도 불구하고 이것이 과연 유익한가? 하나님의 영광이 되는가를 따져서 스스로 제재를 하고, 삼가는 것입니다. 다시 말하면 크리스천의 자유는 두 가지의 표준이 있습니다.

첫째는 그것이 교회와 주님의 복음전파에 유익한가 안 한가?

둘째는 자제해야 할 것인가? 아닌가? 왜냐하면 그것이 방종일 때에 참자유가 아니라 우리를 속박하는 것이 되기 때문입니다.

2. 우리 몸은 무엇인가?

(1) 욕망과 욕구를 위해서 만들어진 것이 아님(13-14).

로마인들은 식물의 예를 들어서 식물이 배를 위한 것처럼 인간의 본능을 충족되어야 한다고 믿었던 것입니다. 그러나 바울은 13절의 말씀처럼 몸은 음란을 위하지 않고, 오직 주를 위하며 주는 몸을 원하십니다. 바울 당시에 영지주의란 이단이 있었습니다. 이들은 육체는 더럽다, 깨끗할 수 없으니 그러므로 원하는 대로 마음대로 즐기라고 가르쳤습니다. 지금도 많은 불신자들은 육체의 즐거움을 추구하면서 사는 것이 인생의 목적이 되고 있습니다. 그러나 우리 신자들은 육체는 욕망과 욕구를 위해서 존재하는 것이 아니라고 믿습니다.

(2) 몸은 그리스도의 지체로서 만들어진 것(15-16).

따라서 몸은 내 것이 아닙니다. 그리스도의 지체입니다. 그러므로 음란함으로 인해서 창기의 지체를 만들 수는 없습니다. 그래서 바울은 '음행을 피하라'고 했습니다. 지금 세계에서 인권이 가장 유린되는 나라로 한국을 꼽고 있습니다. 인신매매가 심하기 때문입니다. 주로 향락업소에서 일하는 사람들을 말하는 것입니다. 문제는 타일랜드보다 더 심한 나라라는 점입니다. 그러나 성경은 우리의 몸은 그리스도의 지체라고 말합니다.

(3) 몸은 성령의 전으로 만들어진 것(19).

19절 말씀을 다 같이 함께 읽겠습니다. "너희 몸은 너희가 하나님께로부터 받은바 너희 가운데 계신 성령의 전인 줄을 알지 못하느냐? 너희는 너희의 것이 아니라." 믿습니까? 육체가 얼마나 중요한가 하면, 하나님의 창조의 원리를 보아도 그렇고, 또 부활할 때에도 육체로 부활하는 것을 보아서 우리는 육체의 중요성을 알 수 있습니다. 영혼만이 귀한 것이 아닙니다.

(4) 몸과 영혼은 다 하나님을 영화롭게 하기 위해서 만들어진 것

20절의 말씀이 오늘의 결론입니다. 우리의 몸은 "값으로 산 것이 되었으니 그런즉 너희 몸으로 하나님께 영광을 돌리라." 이것이 바로 몸의 주인이 되신 주님의 뜻입니다. 그러므로 우리는 우리의 인생이 다할 때까지 하나님의 영광을 위하여 살 수 기를 축원합니다. 자유는 그것을 가지는 것, 소유하는 것만으로는 참 의미가 없습니다. 그것을 하나님의 영광을 위해서 또는 교회를 위해서, 가정을 위해서, 사랑을 위해서 사용하고, 포기할 때 그 자유는 빛이 나고 아름다운 열매를 맺게 됩니다. 그런 저와 여러분들이 다 되시기를 축원합니다.

칭찬만 받은 빌라델비아 교회

(계3:7-13)

1. 빌라델비아 교회는 어떤 교회인가?

빌라델비아의 뜻은 '형제의 사랑'입니다. 빌라델비아 교회는 팔레스틴의 북쪽, 서머나에서는 15마일 지점에 위치하고 있습니다

이 지역에는 두 가지의 특징이 있습니다.

첫째 화산과 지진의 위험이 있습니다. 빌라델비아 교회는 불안정 속에서도 안정을 누린 교회였습니다. 심지어 이슬람교에 의해서 침범을 받았을 때에도 조금도 요동이 없었던 요새지였습니다. 지금은 약 일만 오 천 명 정도의 인구를 가지고 있습니다.

둘째 빌라델비아에는 농산물인 포도가 많이 나는 곳이었습니다. 그래서 이 지역 사람들은 술의 신 '디오니소스'라는 신을 섬겼습니다. 이 이름은 후에 박쿠스(여기서 '박카스'란 이름이 나왔음)로 바뀌었습니다.

2. 소규모 빌라델비아 교회

당시 빌라델비아 교회는 사람들의 눈으로 볼 때에는 별로 중요하지 않은 교회였는지 모른다. 숫자도 많지 않았고, 재정도 부족하고, 사회적으로도 낮은 계급의 사람들이었다. 그러나 주님은 칭찬만 했습니다. 고후 12:9절의 말씀처럼 "이는 내 능력이 약한 데서 온전하여"지기 때문

입니다.

3. 빌라델비아 교회에 대한 주님의 칭찬

"내가 네 행위를 아노니"(8절). 이 구절은 7교회에 다 나오는 말씀입니다. 우리의 모든 형편을 다 알고 계신다는 말입니다. 그러나 이 구절은 그 교회의 형편에 따라 칭찬이 될 수도 있고, 경고가 될 수도 있는 말씀입니다.

왜 주님은 칭찬하셨는가?

(1) 적은 능력으로도 말씀을 지킴

"네가 적은 능력을 가지고도 내 말을 지키며."

주님은 적은 능력을 칭찬한 것에 주목해야 합니다. 적은 능력이란 이들의 신분, 지위 등의 외적인 조건이 시원치 않다는 뜻입니다. 이들은 주의 말씀에 귀를 기울이고 지켰습니다. 이것은 인내함으로 주님의 재림을 기다리라는 명령을 지켰다는 뜻입니다.

(2) "내 이름을 배반치 아니 하였도다"

변절이나 배교를 하지 않았다는 뜻입니다.

(3) 열린 문 교회

열린 문을 잘 활용한 교회였기 때문입니다.

구체적으로 말하면 암미아(주후 100-160)란 여 선지자가 이 교회를 관할하면서 큰 부흥이 일어나게 되었다고 합니다.

4. 빌라델비아 교회에게 주시는 권면

11절에 "내가 속히 임하리니 네가 가진 것을 굳게 잡아 아무나 네 면류관을 빼앗지 못하게 하라"는 말씀입니다. 여기서 주님은 속히 임하겠다고 하였고, 가진 것은 주님이 주신 말씀을 의미합니다.

면류관에는 두 가지 종류가 있습니다.

첫째 디아데마(왕관)가 있고

둘째 스테파노스(승리의 관)가 있습니다

본문에서는 후자에 속한 것을 의미합니다. 가진 것을 붙잡지 않아 잃은 경우를 보면, 에서가 장자권을 가볍게 여기다가 야곱에게 빼앗긴 경우(창25:34), 르우벤이 도덕성 때문에 유다에게 장자 권을 빼앗긴 경우(창49:4,8), 사울 왕이 교만하여 다윗에게 왕권을 빼앗긴 경우, 국고를 맡은 셉나가 불충성하다가 엘리아김에게 빼앗긴 경우(사22:15-25) 등이 있습니다.

5. 빌라델비아 교회에 주시는 하나님의 축복

(1) 시험의 때를 면하게 하리라(10절).

시험의 때란 두 가지의 뜻이 있습니다. 개인적으로 당하는 여러 가지의 고통, 그리고 우리 모두에게 있을 큰 환난을 말합니다.

(2) 하나님의 성전에 기둥이 되게 하리라(12절).

지금도 두 기둥은 남아 있습니다. 즉 하나님 나라에서의 요동치 않는 위치를 의미합니다.

(3) 새 이름을 그 위에 기록하리라(12절)

빌라델비아 교회는 티베리우스 황제로부터 '네오가이사라'라는 이름을 부여받았습니다. 그래서 이들에게는 새 이름이라는 말이 어색하지 않았습니다. 이것은 저들에게 '천국의 시민권'을 뜻하는 말이었습니다.

칭찬받는 비결

(잠10:6-13)

사람은 누구나 칭찬받기를 원하고 있습니다. 칭찬받지 못할 때에는 주목이라도 받으려고 말썽을 일으키기도 합니다. 「칭찬은 고래도 춤추게 한다」는 켄 블랜차드의 책처럼 심지어 동물도 칭찬받기를 원하고 있습니다. 인간은 누구나 반응을 합니다. 어떤 때에는 침묵을 할 때도 있는데 이것은 대단히 위험한 반응입니다. 모든 말과 행동에는 반드시 반응이 따르는데 크게 세 가지의 반응이 있습니다.

첫째는 고래 반응 즉 긍정적 반응이 있고,

둘째는 침묵의 반응이 있고,

셋째는 뒤통수치기 반응이 있습니다.

뒤통수치기 반응은 상대방의 잘못한 것을 하나하나 지적하면서 책망을 하는 것을 말합니다. 중간에 침묵의 반응이 있는데 이것은 어떤 때에는 긍정적 반응이 될 수도 있고, 또 어떤 때에는 부정적 반응이 될 때도 있습니다. 일종의 보류이기도 합니다. 가장 좋은 것은 고래 반응입니다. 이것은 고래를 훈련시켜 춤추게도 만듭니다.

1. 의인이 될 때 칭찬받게 됨(7절)

즉 하나님과의 관계는 물론 사람들과의 관계가 바로 될 때에 우리는 칭찬을 받습니다. 아무리 잘해도 관계가 나쁘면 책망만 받습니다. 그러나 자기편일 때에는 칭찬받게 됩니다.

2. 지혜로운 자는 칭찬을 받음(8절)

지혜로운 자는 바른 판단력을 가지고 하나님을 경외하는 사람을 말합니다. 세상에서는 물론 천국에서도 하나님에게 칭찬을 받는 것입니다.

3. 바른길로 행하는 자는 칭찬을 받음(9절)

세상에는 바른길만 있는 것이 아닙니다. 바르지 못한 악한 길도 많습니다. 마치 산에 있는 모든 길이 다 같은 방향으로 가는 것이 아니듯이 세상에 있는 모든 길이 우리가 원하는 방향으로 가는 것은 아니기 때문입니다.

4. 대화를 할 줄 아는 사람은 칭찬을 받음(11, 13절)

말 잘하는 것과 대화법은 다릅니다. 비록 말을 떠듬떠듬해도 남의 마음을 열어주는 사람이 있고, 말은 유창하게 하는데 남의 마음을 닫게 하는 사람이 있습니다.

5. 사랑하는 사람은 칭찬을 받음(12절)

사랑은 마치 햇볕처럼 남의 마음을 따뜻하게 해줍니다. 자기를 사랑하는 사람을 책망하지 못합니다. 그러므로 우리는 항상 사랑의 마음을 가지고 살아야 합니다.

맺는말

칭찬을 받고 싶은 것은 인간의 본능입니다. 왜냐하면 칭찬은 공적인 인정이기 때문입니다. 그러므로 우리들도 하나님에게서는 물론 다른 사람들에게 칭찬을 받는 성도들이 다 되시기를 축원합니다.

큰 권능으로 인도하여 내사

(행13:13-20)

성경에 보면 우리를 양으로 비유하고 하나님과 예수님을 목자로 비유하고 있습니다. 우리를 양으로 비유하는 것은 우리는 하나님의 인도하심과 주님의 도우심이 없이는 혼자서는 살 수 없는 존재라는 뜻입니다.

요한복음 10장에 네 가지 종류의 목자들이 있다고 했습니다.

첫째 절도며 강도 타입의 목자입니다. 소위 이단 종파를 만들어서 교
　　주의 욕심만 채우는 그런 부류입니다.

둘째 타인 타입의 목자입니다.

전혀 양에 대해서 관심이 없는 부류입니다.

셋째 삯군 타입의 목자입니다. 양에 대한 관심은 없고, 매달 받는 월
　　급에만 관심이 있는 부류입니다.

넷째 선한 목자 타입의 목자입니다. 궁극적으로 예수님이시고, 예수
　　님의 말씀에 따라서 순종하는 그런 목자들을 말합니다.

1. 하나님께서는 어떻게 우리를 인도하시나

성경에 보면 그 시대와 사람과 환경에 따라서 다양하게 인도하시는 기록을 볼 수 있습니다. 그런데 그 중에서도 출애굽기 13:21절에 보면 "여호와께서 그들 앞에 행하사"라고 했습니다. 하나님께서는 어떻게 인도하시든지 그 앞에서 하나님이 인도하셨다는 것이고 또한 이 말은 미리 준비하셨다는 뜻이기도 합니다.

2. 하나님께서는 그의 백성들을 어디로 인도하시는가?

(1) 말씀에 따라서 인도

말씀을 깨닫게(행8:30-31)하여 그 말씀에 따라서 인도하여 주십니다.

하나님의 말씀은 인간의 이성만으로는 깨닫지 못합니다. 먼저 믿어야 깨닫게 됩니다.

(2) 평강의 길로 인도

평강의 길로 인도하십니다. 눅 1:79에 "우리 발을 평강의 길로 인도하시리로다"라고 했습니다. 요셉이 가는 곳마다 형통했는데 이유는 하나님께서 그를 인도하여 주셨기 때문입니다.

(3) 진리의 길로 인도하심

요 16:13절에 "진리의 성령이 오시면 그가 너희를 모든 진리 가운데로 인도하시리니"라고 했습니다.

(4) 시온의 대로로 인도

시온의 대로로 인도하여 주십니다(시84:5).

세상에는 두 갈래 길이 있습니다. 하나는 지옥으로 내려가는 길이고, 다른 하나는 시온의 길, 즉 천국으로 가는 길입니다. 이 길은 오직 보혜사 성령님만이 인도할 수가 있습니다.

3. 지금 하나님께서는 어떻게 인도하시는가?

크게 네 가지의 방법이 있습니다.

첫째 설교의 말씀을 통해서 주님을 만나고, 주님의 음성을 들어서 하나님의 인도하심을 받을 수 있습니다.

둘째 기도를 통해서 세미한 주의 음성을 들을 수 있습니다.

셋째 성령 충만함을 받아서 성령의 인도하심을 받을 수 있습니다.

넷째 믿는 형제자매들을 통해서 하나님이 기뻐하시는 길이 무엇인지 발견할 수 있습니다.

그 성에 큰 기쁨이 있더라

(행8:1-8)

본문에 보면 사마리아 지역에 복음이 전파되면서 신유의 은사들이 나타나기 시작하였습니다. 하나님의 놀라운 역사가 국경을 넘어서 이방인의 세계로 번지기 시작한 것입니다. 더러운 귀신들이 크게 소리 지르며 나가고, 많은 중풍병자와 앉은뱅이가 낫게 되었다고 했습니다. 그러자 사마리아 성에는 큰 기쁨이 나타나기 시작하였습니다. 행 8:8절에 "그 성에 큰 기쁨이 있더라"고 했습니다.

1. 큰 기쁨이 올 때

(1) 복음과 함께 큰 기쁨이 옴

복음이 없는 참 기쁨은 없다는 뜻입니다. 초대교회는 예수님의 당부와는 달리 국경을 넘어 복음을 전하려고 하지 않았습니다. 행 1:8절에 "오직 성령이 너희에게 임하시면 너희기 권능을 받고 예루살렘과 온 유대와 사마리아와 땅 끝까지 이르러 내 증인이 되리라"고 하였습니다. 그런데 하나님께서는 핍박을 통하여 성도들이 흩어지게 하므로 복음을 전하게 한 것입니다. 그리고 복음이 전해질 때에 큰 기쁨이 나타난 것입니다.

(2) 복음의 내용

예수님의 보혈로 죄 사함을 받았다는 것입니다. 죄 사람을 받게 되었을 때에 큰 기쁨이 생깁니다. 시 13:5절에 "나는 주의 구원을 기뻐 하리이다."라고 했고, 시 35:9절에 "내 영혼이 여호와를 즐거워함이여 그 구원을 기뻐하리로다."라고 했습니다.

(3) 주안에 있을 때에 큰 기쁨이 옴

큰 기쁨이란 영적인 기쁨입니다. 위로부터 오는 기쁨입니다. 그래서 빌 4:4절에 보면 "주안에서 항상 기뻐하라 내가 다시 말하노니 기뻐하라"고 했습니다. 세상 어디를 가보아도 주님밖에는 큰 기쁨이 없습니다.

(4) 주님과 동행할 때에 큰 기쁨이 있음

왜냐하면 주님과 동행하면 항상 말씀을 들을 수가 있습니다. 그래서 기쁨이 회복이 됩니다.

(5) 성령의 열매를 맺게 될 때에 큰 기쁨이 있음

세상에서도 과일 맺힐 때에 기뻐합니다. 하늘로부터 오는 영적인 열매, 즉 성령의 열매가 있습니다. 그것은 바로 사랑과 화평과 희락입니다. 이 열매는 아무도 빼앗을 수 없는 열매입니다.

2. 큰 기쁨의 삶을 방해하는 것들

(1) 불신앙

믿음이 있으면 우리의 눈에 보이지 않는 신령한 세계가 보이고 기뻐할 수 있습니다. 그러나 신앙이 없으면 그것을 볼 수도, 가질 수도 없습니다.

(2) 의심

의심이란 마음속에 있는 지옥입니다. 그리고 절망의 형제입니다. 의심은 모든 문제의 근원입니다. 위로부터 주시는 영적인 기쁨은 믿음이라는 줄을 통해서 오기 때문에 의심하면 사라지고 맙니다.

(3) 기도를 그치면 기쁨이 떠남

왜냐하면 영적인 기쁨은 현실에만 눈을 뜨면 안 보입니다. 눈을 감고 기도할 때 비로소 환하게 보입니다. 그런데 기도하면 주님의 모습이 보이고, 말씀하시는 것을 들을 수 있고, 위로가 있습니다.

(4) 주님과의 관계가 멀어질 때

사람도 자주 만나야 가까워지듯이 주님과도 자주 만나야 합니다. 주님과 전화를 자주 해야 합니다. 그것이 바로 기도입니다. 성경을 연구하지 않으면 주님과 멀어집니다. 주님의 음성이 안 들리기 때문입니다.

큰 기쁨

(행16 : 16-34)

1. 바울이 귀신을 쫓아낸 비결

아주 간단하였습니다. 바울은 "예수 그리스도의 이름으로 내가 네게 명하노니 그에게서 나오라"고 명하자 성령의 역사가 나타났습니다. 주님의 이름은 권능이 있습니다.

그러면 그 결과는 어떻습니까? "귀신이 즉시 나오니라"고 했습니다.

(1) 종의 주인들의 반응

먼저 "자기 이익의 소망이 끊어진 것을 보고." 이렇게 인간은 항상 자기의 이익을 중심으로 판단하고 생각합니다.

(2) 바울을 고발

첫째 소란 죄였습니다(20절). "이 사람들이 유대인인데 우리 성을 심히 요란케 하여"라고 했습니다.

둘째 미풍양속을 저해하는 풍기문란 죄였습니다(21절). "로마 사람인 우리가 받지도 못하고 행치도 못할 풍속을 전한다"고 했습니다.

셋째 무리들의 반응은(22절)? "무리들이 일제히 일어나 송사하니"라고 하였습니다.

넷째 관리들의 반응은(22-24절)? "옷을 찢어 벗기고, 매로 쳤다"고 했습니다. 다음은 깊은 감옥에 가두고 차꼬로 채웠습니다.

2. 바울과 실라의 신앙적 자세

(1) 기도와 찬미

기도와 찬미를 했습니다. 언제 기도하며 찬미하였습니까?

"밤중쯤 되어"(25절)라고 했습니다. 사실 지금은 영적으로 보면 밤입니다. 이럴 때 우리는 더욱 기도하고 찬미해야 합니다.

(2) 기도와 찬미의 능력

기도와 찬미의 능력은 어떤 것입니까?

첫째 먼저 환난에서 우리를 구원합니다, 벗어나게 하고 건져 줍니다.

둘째 다음은 불신자를 구원합니다. 바울과 실라가 기도하고 찬양함으로 간수의 가족들이 구원을 받았습니다.

셋째 문제해결의 열쇠가 됩니다. 아무리 능력 있는 사람이라도 기도하지 않으면 문제가 생기는 것을 볼 수 있습니다.

3. 결과

"죄수들이 듣더라"(25절). "이에 홀연히 큰 지진이 나서 옥 터가 움직이고 문이 곧 다 열리며."

이 사건은 간수들에게 즉각적인 반응이 있었습니다. 왜냐하면 간수들이 죄인을 놓치면 그 형벌을 간수들이 대신 받아야 되었기 때문입니다. 그래서 간수들은 당황하였고, 차라리 처벌받기 전에 스스로 자살을 하려고 했던 것입니다. 그때에 바울이 저들을 위로했습니다.

첫째 그러자 간수들은 소리를 질렀습니다. "선생들아 내가 어떻게 하여야 구원을 얻으리이까?"(30절) 바울은 즉각적으로 해답을 주었습니다. "주 예수를 믿으라 그리하면 너와 네 집이 구원을 얻으리라(31절)"고 하였습니다.

둘째 그 결과는 "믿었으므로 크게 기뻐하니라"(34절)고 하였습니다.

기쁨 중에 가장 큰 기쁨은 구원의 기쁨입니다. 그런데 그 구원
은 주 예수를 믿으므로 임하는 것입니다. 그 구원의 기쁨이 간
수와 그 가족에게 임한 것입니다.

핵심 스마트 설교(14)

이상적인 여인상

2022년 9월 10일 1판 1쇄 인쇄
2022년 9월 15일 1판 1쇄 발행

저 자 신성종
발행자 심혁창
마케팅 정기영
교 열 송재덕
표지화 신인수
디자인 박성덕
인 쇄 김영배
펴낸곳 도서출판 한글

우편 04116
서울특별시 마포구 신촌로 270(아현동)
수창빌딩 903호

☎ 02-363-0301 / FAX 362-8635
E-mail : simsazang@daum.net
창   업 1980. 2. 20.
이전신고 제2018-000182

* 파본은 교환해 드립니다
* 정가 20,000원
*

ISBN 97889-7073-614-3-93230